THE LITTLE BLACK BOOK OF
FLY FISHING

Kirk Deeter
&
Chris Hunt

——フライフィッシャーのための新ヒント集

Skyhorse Publishing books may be purchased in bulk at special discounts for sales promotion, corporate gifts, fund-raising, or educational purposes. Special editions can also be created to specifications. For details, contact the Special Sales Department, Skyhorse Publishing, 307 West 36th Street, 11th Floor, New York, NY 10018 or info@skyhorsepublishing.com.

Visit our website at www.skyhorsepublishing.com.
10 9 8 7 6 5 4 3 2 1

Library of Congress Cataloging-in-Publication Data is available on file.
Cover design by Mona Lin
Cover art credit: Getty Images
Print ISBN: 978-1-5107-4773-9
Ebook ISBN: 978-1-5107-4774-6

Japanese translation rights arranged with Skyhorse Publishing, Inc, New York, through Tuttle-Mori Agency., Tokyo.

――この本をチャーリー・マイヤーズに捧げる

CONTENTS

目次

Contents

序文

『ザ・リトル・レッド・ブック・オブ・フライフィッシング』（以下、『レッドブック』）の発刊から10年が経った。私はこの10年間に、フライフィッシング書籍、雑誌の記事、「ザ・ニュー・フライフィッシャー（The New Fly Fisher）」などのテレビ番組、「オービス・ガイド・トゥー・フライフィッシング（Orvis Guide to Fly Fishing）」、ホセ・ウェジェベの『スパニッシュ・フライ（Spanish Fly）』など多くの情報源からたくさんのヒントを得てきたが、『レッドブック』から得た、リアルかつ実践的なアドバイスほど役に立っているものはないと信じている。その『レッドブック』の続編を待ち望んでいた釣り人は私だけではなかったはずだ。

　釣りの旅にでるとき、私は少なくとも1日はフィッシングガイドつきの釣りを予約する。なぜならガイドこそが最高のセンセイだからだ。自分が釣っている、まさにその釣り場で、その状況に合わせて発せられるタイムリーなアドバイスは、確実に釣り人としての私の血となり肉となっている。一日中オールをこぎ、クライアントにランチを提供し、絡んだティペットを解き、フライを換え、初めて釣りをする人にもなんとか最初の1匹を釣らせるフィッシングガイドという仕事はハードワークを絵に描いたような職業で、彼らの辛抱強さ、ホスピタリティー、そしてなによりも釣りに関するプロフェッショナリティーに敬服しないわけにはいかない。ただし釣りというのは孤独を楽しむスポーツでもあって、アドバイスが得られるからといって、常にセンセイと一緒に釣りをするわけにはいかない。『レッドブック』の続編である本書はすべての点で、ガイドトリップに匹敵するほど中身の濃いものとなっている。また釣りに行かずとも釣りをしている気になることができる読み物として、これほど楽しめる本は稀《まれ》である。世界中の全フライフィッシャーに、自信を持って薦めたい。

ジョエル・R・ジョンソン

はじめに

フライフィッシングの世界は、目には見えないラインで、すべてがどこかでつながっている。魚、虫、流れ、フライ、キャスト、プレゼンテーションといったそれぞれが独立しているわけではなく、あらゆることが複雑怪奇に絡み合いつつ常に流動しているなかで、もっとも適切な方法を選んで釣るのがフライフィッシングなのである。そしてその複雑怪奇さは、釣りの現場から生活空間、そして人生そのものへと広がっていき、見えないラインで人と人をつなげる。

私がそう思い知ったのは、チャーリー・メイヤーズとの出会い以降のことだ。あの『レッドブック』を書くきっかけとなったのは、チャーリーと私がワイオミング州をドライブしたときのことだった。トラウト・アンリミテッドからの要請を受け、カットスロートトラウトの生息地を保護するために現場を訪れて記事を書き、公にすることが私たちの任務だった。チャーリーは新聞『デンバー・ポスト（Denver Post）』、私は雑誌『フィールド＆ストリーム（Field & Stream）』にそれぞれ寄稿することになっていた。

チャーリーのグレーのジープ・チェロキーで、暑い日のドライブを終えてベースキャンプに到着すると、クリス・ハントが出迎えてくれた。私はすぐにクリスが好きになったが、今にして思えば、チャーリーは私とクリスをつなげるために、その旅を利用したことがわかる（チャーリーと私は約束どおり記事を書き、結果的にトラウト・アンリミテッドは訴訟に勝って、その地域のカットスロートは生き延びることができた）。チャーリーと私が『レッドブック』のアイディアを思いついたのは、その帰りの道中のことだ。フライフィッシングは最新科学に頼ったスポーツではなく、昔ながらの地球の自然環境のなかで楽しむスポーツだ。チャーリーと私は、多くのメーカーが経済的な視点からフライフィッシングを利用しすぎている、というややネガティブな共通認識を持っていた。私たちはあくまでも謙虚に、自分が経験してきたこと、フィッシングガイドから聞いたこと、信頼できる友人から聞いたことを中心に、豆知識の集大成を安価にフライフィッシャーに提供するという目的で『レッドブック』を企画した。悲しいことに、チャーリーは本が印刷される直前に、肺がん（非喫煙者だというのに）で逝ってしまった。

『レッドブック』を思いついた日に、チャーリーに紹介されたクリスとはその後連絡を取り合う仲になり、そしてチャーリー同様に釣りをする仲になった。雑誌『フィールド・アンド・ストリーム』が「ベスト・ワイルド・プレイス特集」を企画した際、トラウト・アンリミテッドとの共同プロジェクトに私を指名したのはクリスだ。それ以来、私たちはサスカチュワンのアサバスカ湖の荒野からバハマのロングアイランド沖のフラットまで、さまざまな場所で一緒に釣りをしてきた。この数年間は、主に北米全域のトラウトとサーモンの水域を守るための活動に共に集中しつつ、私は『レッドブック』の続編を作るなら、クリスと一緒に作ろうと考えていた。

ありがたいことに、『レッドブック』は書いた当人の想像をはるかに超えるベストセラーとなり、年々、続編を待ち望む声が大きくなっていった。けれども、クリスと私は自分たちの掘った井戸が十分深くなる前に水をくみだすことを禁じた。それには10年以上の歳月が必要だった。ただし、この年月をとおして、私とクリスがじっさいに賢くなったとは思っていない。自分の見知った領域から一歩足を踏み出すたびに、まだまだ学ばなければならないことがあることに気づかされる。とはいえ、井戸はかなり深くなった。ノートもかなり分厚くなった。「やるか？」と同意したクリスと私は、この『ザ・リトル・ブラック・ブック・オブ・フライフィッシング』に着手した。『レッドブック』同様、トラウト中心ではあるが、ボーンフィッシュなどのフラットの魚やドラド、コイやパイクに関しての、ちょっとした情報も加えている。『レッドブック』がリフトに乗ってゲレンデを滑るための本だとすれば、本書は自分の足で山を上って、新雪の斜面を滑り下るための本かもしれない。とはいっても、『レッドブック』で紹介しきれなかった、初歩的なヒントも載せているし、ベテランが知ってはいるけれども忘れている、といった種類のヒントも多いはずだ。

結局のところ、フライフィッシングにおける真の専門知識とは、新しいフレームをこしらえるためのハードウェアでなく、基本に立ち戻って再考することで、バージョンアップされるソフトウェアなのだ。派手なトリックキャストや、目が覚めるほどのロングキャスト、本物と見まごうばかりのリアルイミテートフライ、ワザありのバグ・パターンに出会うこともあるだろうが、重要なのは基本ソフトのバージョンアップなのである。

フライフィッシングは小さくとも美しく輝いている世界であり、素晴らしい人々ですべてがつながっている。これからも皆さんと一緒に、この美しい地球で、水の中を泳ぐ美しい生物たちの姿に感動しつづけたい。

2021年6月、コロラド州スティームボート・スプリングス

カーク・ディーター

パートI　キャスティング

1　魚が釣れるキャストがグッドキャスト

フライフィッシングの世界では、キャスティングの重要性がやや強調されすぎている。確かに、この世界にはジョン・ジュラセック（クレイグ・マシューズとの共著『イエローストーン・ハッチ（Yellowstone Hatch）』などで知られるフライフィッシャー）やスティーブ・レイジェフ（キャスティング・アット・ワールド・ゲームスで名をはせた伝説的なキャスター）など、キャスティングの技術のみならず、理論やトレーニング方法を確立させているエキスパートがいることは事実だ。しかし、ここで今一度、冷静に自分を振り返ってみよう。あなたはフライキャスターである前に釣り人であるはずだ。キャスティングそのものは練習すればするほどにうまくなる。完璧なループはそれ自体が美の一形態ですらある。フライフィッシャーは美的センスを重んじる人種でもあるから、ついついループの形にこだわりすぎて、目の前の魚のことを忘れてしまいがちだが、魚を釣るために１００点満点のループは必要ではない。あるいはソルトウォーターにおけるキャスティングの重要度はトラウトフィッシングよりはるかに高いとしても、ループの形よりも重要なことはたくさんある。あなたの周囲を見回してみても、お世辞にもキャストがうまいとはいえないのに、魚を釣ることにかけてはトーナメントキャスターなんて足元にも及ばない、という人物がいるはずだ。彼らは魚が釣れるキャストをしているのだ。頭上のループがどれだけきれいに見えるかより、もっと重要なことがたくさんある。料理の盛りつけ方を考える前に、まずはおいしい料理を作る方法を学ばなければならない。―KD

2 サムオントップの弊害

両腕に力を入れず、だらりと両脇に垂らして、まっすぐ立ってみてほしい。親指の爪はどちら側を向いているだろうか？ 95％以上の人の親指は体側を向いているはずだ。人によって角度がちがうだろうが、正面に向かって45度前後の角度で内側を向いていると思う。つまり、親指が内側を向いている状態が、人間にとってはもっとも自然な角度であり、リラックスした状態である。

一方で、フライフィッシングを始めると、多くのビギナーは親指をグリップの上に置く、サムオントップを教わる。いろいろなプロフェッショナルによって、いろいろな方法が語られてきたが、結果的にサムオントップがもっとも無難だから、あるいはトレーナー自身がそうしているから教えやすい、という理由で採用されてきたと思われる。ここでサムオントップを否定するつもりはまったくない。ただし、サムオントップが人間の生理にやや逆らった状態であることだけは認識しておいてほしい。野球でいうと、V字グリップが腕を垂らしてグラブを内側に向けている野手なら、サムオントップはミットを前に向けているキャッチャーというイメージだ。

サムオントップが腕のパワーを伝達するために、きわめて効率的なグリップであることはまちがいない。問題は人間の脳が、隙あらばサボりたがることで、意識していないと、親指が内側を向きたがることだ。親指が内側を向くということは、ロッドがまっすぐに振れていない（多くの場合、体側に巻き込んでいる）ということになる。サムオントップで釣りをしている人はサボりたがる自分の脳を意識して、キャスティングがブレ始めたら、親指の爪が自分の正面を向いているかどうかの確認をしてほしい。―KD

3　フライフィッシャーのストリップショー

以前、アイダホのヘンリーズ・フォークを訪れた時、ジョン・ジュラセックのキャスティングレッスンを見学する機会があった。全米広しといえどもジョン・ジュラセックほどの優れたキャスティングトレーナーは稀で、教わってうまくならないフライフィッシャーは絶無と思われる。受講者の一人一人にそれぞれの課題を与えた後、練習用のロッドを持ったジョンは、私とカークに「ちょっと振ってみる?」と言った。ジョンの前でキャストするのは、フライフィッシングのストリップショーのようなものだ。すべてが明らかになってしまう。カークもおなじ思いのようで腰が引けていたが、私はこれは神が与えた試練であり、多くの場合、試練は成長のきっかけでもあると思い直し、人生初のストリップショーの覚悟を決めた。何十年もフライフィッシングをつづけてきた私だけれども、自分が完璧なキャスティングをしているとは思っていない。そして、やはり人生に試練は必要だったのだ。ロングキャストの際に肘《ひじ》が下がりすぎていること、そのためにキャストの距離が伸びるほどに、ウインドノットができやすくなっていることをジョンは指摘し、その改善方法を教示したのである。ジョンの前でストリップショーを披露してからというもの、私は長めのキャストのときに肘を意識するようになり、その結果としてウインドノットと決別することができた。裸になることを恐れてはいけない。フライフィッシングが上達すればするほど、他人に恥ずかしい姿を見せたくなくなるものだが、恥ずかしいということはつまるところ自信がないわけで、言葉を換えれば、まだまだ上達する余地があるということなのである。

教訓。裸の王様にならないように、ベテランになればなるほど、エキスパートからのキャスティングレッスンを積極的に受けること。—CH

4　メジャーリーガーも練習する

以下のシンプルな三つのドリルは、フライフィッシング経験の長短にかかわらず、誰にとっても有効だ。そしてこれがもっとも肝心な点だが、このドリルには卒業がない。ウォーキングやジョギングなどのトレーニング同様、継続することが肝心なのである。できるだけ広く、フラットな地面で練習してほしい。

①洗濯ロープ、もしくは古いフライラインなどを、キャストする正面に向かって地面に一直線になるように置く。ロッドを持ち、腰の高さ（地面と平行）で往復させる。ループが完全なU字状になるまで繰り返す。次に腕を90度上に持って行き、本来のオーバーヘッドキャストでおなじことができるようにする。

②12m先に三つのターゲットを置いて、そのターゲットにそれぞれ4秒以内にキャストできるようにする。

③リールから12mのラインを引き出し、スタート＆ストップを感じながら、長いラインをキャストするにつれて、全体のキャスティングのテンポが遅くなることを感じる。

定期的にこのドリルをつづければ、体がキャストを覚えてくれる。繰り返すが、つづけることが重要で、できたから終わりというレッスンではない。ストライクを投げられるようになったからといって、練習をやめるピッチャーはいないのだ。――ＫＤ

5　マイナスの発想

10年前に出版された、この本の前身である『レッドブック』で、私はしばしばゴルフを引き合いに出して、ピュアリスト・フライフィッシャーからひんしゅくを買ったが、ピュアリストではない私は性懲《しょうこり》りもなく、このブラックブックでもおなじことを繰り返したい。というのも、やっぱりゴルフとフライフィッシングはいろいろな意味で似ていると思うからだ。どちらもイギリスの貴族社会で開花したという歴史的背景があり、スティック状の道具を振って、手元のモノを遠くに飛ばす。なによりも問題解決型のスポーツであることが酷似している。いうまでもなく、ゴルフは人間が相手で、フライフィッシングは魚だが、実のところ多くの場合、戦っているのは相手ではなく、自分自身である。うまくいかない大概の場合、問題は自分側にあるのだ。自身の技術を磨き、精神的に成長することで、結果的に相手に勝つことになる。

とはいうものの、ゴルフはおなじボールを2度打てないが、フライフィッシングは2度どころか何度もキャストできる、という大きなちがいもある。そして、この何度もキャストできる点こそがフライフィッシャーをヘタにしている元凶なのである。何度も打ち返せるから、1回1回のキャストに気合いが入りにくいのである。人間は生来の怠け者で、ギリギリになった状況で初めて本来の力を発揮することができる。問題はキャストを繰り返すたびに、魚が釣り人の気配を察してしまうことだ。1投ごとにキャッチする確率が下がってしまうことをもっと強く意識することで、キャッチの確率は確実に上がる。「火事場のバカ力」はラストキャストではなく、ファーストキャストで発揮すべきなのである。—KD

6　ビギナーを卒業したら、リストはフリーに

ビギナーにフライキャスティングを教える際には、リストを固定した方がうまくいく。リストを固定する補助用具が販売されているほどだ。しかしながら、このビギナーへのアドバイスを、キャスティングの基本と勘ちがいしてしまっているベテランが大勢いる。ビギナーはリストを必要以上に使いすぎているから矯正する必要があり、いったん固定するだけの話だ。リストのオープン、クローズの強弱とそのタイミングは、フライキャスティングにおいて重要なポイントであり、リストを意識しない限り、良いループはできない。

覚えておかなくてはならないのは、リストを使うのがストローク全体の後半四分の一のタイミング以降でなくてはならないことだ。それより早いと、多くの場合テーリングが発生する。テーリングが発生する主な原因は、①急加速、②オーバーパワー、③適切なタイミングでティップダウンしていない（ティップが平行、もしくは上方移動してしまっている）の三つだが、リストダウンはこの三つのミスを引き起こす最大要因となる。だから手っ取り早く初めは固定してしまう

のだ。ビギナーを卒業したら、次は手首の使い方の練習をしよう。―KD

7　ダブルホールは運転免許証

この章の冒頭にあるように、魚が釣れるキャストこそがグッドキャストであることに異論のある人は少ないはずだ。では、どんなキャストが魚が釣れるキャストとなり得るかというと、

①正確であること
②スピーディーであること
③良いプレゼンテーションであること

である。①については、主にストローク周りの問題を解決することによって可能となるので、比較的シンプルな課題である。一方、③ではフライが魚の目に不自然に見えないようなキャストが要求されており、キャスティング技術だけでなく、より多くの現場経験が必要となるだろう。フライフィッシングは生物相手のスポーツであるために、まったくおなじことが起こることはなく、フライフィッシャーには状況に応じたフレキシビリティーが求められているのだ。フライをキャストすることをわざわざプレゼンテーションと呼んでいるのは、広大な釣りの世界のなかで

もフライフィッシングくらいで、つまりそれだけ微妙で、複雑であるということだ。これは試行錯誤による経験を積むしかない。

そこで残った②についてだが、これはロッド性能やリーダーシステムが重要でありながらも、一つだけ欠かせないキャスティングスキルがあって、それがダブルホールである。ダブルホールをスキップして、フライフィッシングをつづけようとしてはならない。ベテラン・フライフィッシャーにも苦手だという人が少なくないが、これだけは笑って「まあ、なんとかなりますよ」と言って済ませるわけにはいかない。もしできない人がいて、フライフィッシングをやめるつもりがないのであれば、今すぐにでも練習を開始してほしい。ダブルホールは言葉での説明が難しい技術だが、一方で、練習すればかならず身につけることのできる技術でもある。今はYouTubeを見ればお手本はたくさんある。ダブルホールができなくても釣りはできるだろう。しかしソルトウォーターではほぼ無理だし、トラウトフィッシングでも風が強い日や重いフライをキャストするときなど、ハンディを抱えたまま不利な釣りをすることになる。ダブルホールなしに釣り場に立っているフライフィッシャーは、無免許運転をしているようなものなのだ。―CH

8　ミニ・シングルホールの勧め

ホールの練習をしようと思ってYouTubeを見ると、しばしば上体を大きく前後に動かしているキャスターを目にするだろう。これからホールをマスターしようとしている人へのアドバイスとなるが、即座に視聴をやめてほしい。前後への体重移動はロングキャストの際に要求される動きで、まずは腕の動きがどんなリズムなのかを理解することが先決だ。少なくともトラウトフィッシングにおいては、余分な体の前後運動はほとんどの場合ネガティブな方向へ働く。まずはラインを持つ方の手で、少しだけホールするミニ・シングルホールから始めよう。その際にもっとも重要なコツは、一度ラインを引っ張った左腕（右利きの場合）をすぐに右手のグリップの位置まで戻すことだ。ホールというと、ラインを引っ張ることに意識がいきがちだが、じつは逆で、引っ張った直後にラインを手元からロッド側に送る（戻す）という逆の動作にリズムの核心があるのだ。―KD

9　キャストのキモは関節にあり

フライキャスティングにおける悪癖の大半は、不適切な関節の使い方を矯正することによって改善される。もっとも多いケースが肘の使いすぎだ。いわゆる「肘で投げている」キャスティングで、テーリングを発生させやすい。ビギナーに対する手首の固定はよくいわれるアドバイスで、ウインドノットに悩んでいる人は、まずは肘の使いすぎを疑うべきである。矯正方法は、キャストする際に肘でロッドを動かそうとせずに、肩を先に動かすことを意識することだ。とはいうものの、悪癖というのは自分ではわからないからこそ悪癖なので、自己分析しにくいだろう。釣友でなくてもいい、家族にあなたの動きを見せて、どこに力が入っているように見えるか確認してもらうといい。初心者であれば「手首」、ベテランになるにつれ「肘」という答えが返ってくる率が高くなっていくはずだ。というのは、ループをタイトにするにはティップの高さを変えないようにしなくてはならない、という知恵がついてくるからだ。結果的に、ティップの高さを変えずにロッドを移動させようという意識が強く働きすぎて、それを肘で操作してしまう。肘を使って投げる人の多くは、肩の関節をほとんど使っていない。ここで覚えてほしいヒントは、「関節は大きい順に動かすこと」である。つまり肩→肘→手首であるが、重要なのは順番だけではなく、力の配分も同様であることだ。何事も小手先でやってはならないのである。―KD

10　いつもの環境

普段、腰まで水につかってキャストすることが多かったり、フロートチューブに乗って釣りをすることが多い人は、キャスティング練習の際には、地面に膝《ひざ》をついてキャストしよう。立ってキャストしているときには気がつかない制約を感じるはずだ。―KD

11　もう一つのリーチキャスト

リーチキャストというと、川の流れに直角に立って、上流側にロッドを倒すというイメージが強いかもしれないが、現場ではそんな教科書的な状況に出くわすことはそう多くない。じつはリーチキャストがもっとも現実的なトリックキャストになるのは、アップストリームへ向けておこなう場合である。魚の定位している筋にラインやティペットのインパクトを与えないこの方法は、ヘタなカーブキャストよりも自然にフライを流すことができる。—KD

12　あなたが逃す二つのチャンス

どんな釣り場環境であっても、正確にキャストすることができれば、魚が釣れる確率は飛躍的に高まる。第1投から狙ったポイントにフライを落とすことが理想だ。しかしながら、現実はそう甘くない。魚がライズを繰り返しているプールの真上に樹木が覆いかぶさっていたり、手前の流れが速すぎて、ラインの着水と同時にフライが引っ張られてしまったり、バックキャストのスペースが取れなかったりと、釣り人側にハンディキャップが与えられている状況は少なくない。確かにそういったポイントは、狙ったところにフライを正確に流す技術的難易度は高い。しかしながら、往々にしてキャストが難しいポイントには大きな魚が潜んでいる。老獪《ろうかい》な魚ほど安全な場所を知っているからだ。こういった難しいポイントを敬遠して渓を遡《さかのぼ》った場合、あなたは二つのチャンスを逃すことになるだろう。一つは大きくワイルドな魚を釣り上げるチャンスだ。大魚が釣れないことを気にすることはない。次があるじゃないか。釣り人は次のキャスト、明日の大漁を信じて生きている種族なのだから、と。

問題は、失うことになるもう一つのチャンスの方である。それは上達のチャンスだ。難しい局面を回避することで、あなたは永遠に大魚を釣り上げることのできない釣り人になってしまうだろう。どんなに難しいポイントにも、どこかに抜け道はあるもので、その抜け道はトライしないことには浮かび上がってこない。ただし、やみくもにキャストしてはいけない。釣り場の状況をゆっくりと見回して、頭のなかでキャストをイメージすることが重要だ。そうすることによって、釣れなかったときでも、少なくとも釣れなかった理由がわかるはずだ。その敗因の分析が次のチャンスにつながるはずなのだ。難しいポイントほど、魚はスレていない。多くの釣り人が敬遠するからだ。フライを思ったように流すことさえできれば、大魚キャッチの確率は高い。—CH

13　効果的なフォルスキャスト

フォルスキャストは少なければ少ないほど、魚に釣り人の存在を察知されるリスクが低くなる。

理論的にはフォルスキャストなしが最善だが、フライを狙った場所に正確に落とすためには、最小限のフォルスキャストが有効であることはまちがいない。重要なのはこの「最小限の」という部分で、多くのフライフィッシャーがフォルスキャストをまるでフライフィッシング教の儀式のように、あまりに無反省におこなっていることだ。晴天の日と曇天の日では許されるフォルスキャストの数はちがうし、水量によってもちがうし、スレた魚が多い釣り場とそうではない釣り場でもちがってくるし、太陽の角度、もしくは釣り人との位置関係でもちがってくる。フォルスキャストを毎度おなじみのルーティンのように、無反省でおこなうことは避けよう。―ＫＤ

14　トライアルキャストの重要性

大きな魚が神経質にライズしているような場面では、可能な限り短めのトライアルキャストをすることで距離を測る。ファーストキャストがラストキャストであるような場合には本番前にじっさいにフライを水面に落としてみることで、ミスキャストのリスクを減らすのだ。目には見えない水流のヨレなどの様子がわかる。その際は魚に悟られないように魚の横ではなく、かならず魚の真後ろの角度に短めのキャストをすることで、リスクを回避しなくてはならない。―ＣＨ

15　テンカラが教えてくれること

この10年でアメリカに定着した感のあるテンカラだが、この釣りの発祥地である本場日本のテンカラとはやや趣が異なる。日本のテンカラはエサ釣りに近い長さのロッドを使用するが、アメリカで使われているテンカラロッドの多くはフライロッドと大差ない長さだ。やや乱暴に言ってしまえば、アメリカのテンカラはリールを省略したフライフィッシングとして誕生し、日本のテンカラはエサの代わりに毛ばりを使う釣りとして発展してきた。そもそもの出発点がちがうのである。川幅が狭い渓流ではリールの必要性がない。規模の小さな渓流が多い日本のフィールドでは、よりシンプルなテンカラが有利なことが多い。試しにリールをつけない長めのフライロッドのティップリングに、ロッドの全長の1・5倍位のラインを結びつけて釣ってみるといい。余分な長さのラインがないために、キャストできる距離は限られるし、立つ位置やフライを落とす位置が変わるため、プレゼンテーションに工夫が必要となってくる。じつは、この遠くにキャストできない不自由さこそが、魚をキャッチするための、文字どおりの近道なのである。フライフィッシングであっても、本来同様なアプローチが求められているのだが、ついつい手元のリールに長いラインが巻かれているために、多くの釣り人にはその長さに頼り、長めのキャストをしてしまう癖がついている。渓流におけるラインコントロールは、多くの場合、立つ位置を変えることで

解決できることを、テンカラは教えてくれているのだ。―CH

16　二つのフライフィッシング

フライフィッシングを愛しすぎると、いつでもどこでも釣りをしたくなってしまうものである。淡水がフライフィッシングの入り口だった人は、いつからか海に興味を持ち始め、海でフライフィッシングを始めた人は逆に湖や川で釣ってみたいと思うようになる。フィールドの広さもフライフィッシングというスポーツの醍醐味なのだ。ただ注意しなければならないこともある。海のフライフィッシングも淡水のフライフィッシングも、フライロッドとフライリールにフライラインという道具立ては一緒ではあるが、キャスティングに関していえば、まったく別のスポーツだと思った方がいい。短い距離を静かに正確に投げるためのキャスティングと、遠くへ速く投げるためのキャスティングはメカニズムはおなじであっても、キャスターが意識して使うべき体の部位がまるでちがうのだ。渓流で釣っているように、腕だけを使って海でキャストしても、フライは投げるべき距離の半分にも達しないだろう。海では距離が伸びるに従って体を大きく開き、前後の体重移動を意識しなければならない。逆に渓流で５ｍ先にフライを落としたいシチュエーションでおなじことをやったら、釣り人の必要以上に大きな動作、もしくは激しいフライの着水音に驚いて、トラウトは逃げてしまうだろう。それぞれにはそれぞれに学ばなければならないテクニックがあるが、なによりもまず、この二つの釣りがまったく別物であることを肝に銘じよう。

―KD

17　リーダーシステム派閥抗争

だいぶ以前、秋にパタゴニアで釣りをしたとき、ガイドは私にロングリーダーのシステムを強く薦めた、というより、ほとんど強要した。それまで私は、9ftのリーダーに2ft程度のティペットをつけ足した全長11ftのシステムで釣りをする、いわゆるショートリーダー派だった。パタゴニアのコルコバードで私が使用したのは18ftのリーダーシステムで、つまりいつもの倍ちかい長さのリーダーを使ったわけだが、それに加えてドロッパーまでつけていたから、キャストしづらいことこの上なかった。しかし釣果はといえば、ショートリーダー派の私にとって残念なことには、かなり釣れた。ショートリーダーでは釣れなかった魚が、ロングリーダーで釣れたことを認めないわけにはいかなかったのだ。

ここでロングリーダーがいいか、ショートがいいかを議論するつもりはない。多くの場合その議論は不毛だ。どこでどういった釣りをするかで、その人のシステムが決まっていくもので、普段アイダホのバックカントリーでカットスロートを釣るのが好きな私と、おなじアイダホでもヘンリーズ・フォークを釣るのが好きな釣り人では、どちらもフライフィッシングとはいえ、別な釣りをしているようなものなのだ。また、リーダーシステムの長さによって、ロッドを中心とした道具立てが変わってくるのが必然で、長いか短いかだけを切り取って議論しても意味がない。小さなクリークでサイズ#12のウルフパターンを18ftのリーダーとティペットの先でターンオーバーさせるキャストはほとんど非現実的だし、そもそもウルフパターンを使用する状況でロングリーダーが必要とされることはないといってもいいだろう。逆にサイズ#18のラスティースピナーを10ft前後のリーダーシステムの先に結んで、中規模以上の川でドラッグフリーで流すことは恐ろしく難しい。

私がショートリーダーを好んでいたのは、フライをターンオーバーさせないとフライフィッシングをしている気になれないからで、それはやっぱりキャストの喜びがフライフィッシングの喜びそのものだからだと思う。こう言うとまた、別な方向からロングリーダー軍の砲弾が飛んでくるだろうが、私たちは戦うためにフライフィッシングをしているのではなく、楽しむためにフライフィッシングをしていることを忘れないで！　―CH

18　ロングリーダーのキャスト

前項のクリスのパタゴニアでの経験同様、ニュージーランドでも、長めのリーダーとティペットが不可欠といわれている。現地のフィッシングガイドは、水面へのインパクトがあるフライラインをできるだけ魚から遠ざけたいと考えている（ラインカラーについてもこだわる）。9ftと15ftのリーダーシステムでは、釣果に大きな差がでることを実戦で経験してきているからだ。

長いリーダーをキャストするコツは、じつはキャストする前段階にある。キャストしやすいリーダーを自分自身で作ることである。私は市販されている一般的なリーダーよりもバット部分を太く重くして、そこから先端までを急速に落とすテーパーを使っている。いわゆるノッテッドリーダーだが、使用するフライのサイズによって、テーパーをあれこれと自作することで、気づくことも多い。フライの空気抵抗とティペットの細さや長さというのは、多くのフライフィッシャーが想像している以上に、キャスティングに影響するものなのだ。

長いリーダーシステムをキャストする場合は、いつも以上にキャストのフォームに気を配り、リストダウンしすぎないようにすることが重要だ。キャストの最後に、ラインとリーダーが水面から1・5m程度浮いた状態になるようにする。そうすることで、リーダーを長くしたために発生の可能性が高くなるテーリングを防ぐことができる。フライロッドに関していえば、ラインとリーダーシステムをロードする時間を持続させることができるモデル、つまり現代風のプログレッシブアクションではなく、しっかりバットが曲がる、多くのバンブーロッドやグラスロッドのようなパラボリックアクションが断然有利だ。—KD

19　向かい風は七難隠す

バハマのフィッシングガイドほど、風のなかでのキャスティングを熟知している人はいない。外海ではほとんど常に風が吹いている。フィッシングガイドを雇い、バハマで釣りをしていた友人のポール・ザベルは、風が強すぎてキャストができないと言い訳をしたところ、ポーリング・プラットフォームから降りてきたガイドは、強風に向かってアゲインストの進路を取ると、ポールに操船を任せ、そのままの進路を維持するように言った。そして、フロントデッキに立ち、やにわにフライロッドを振り始めるや、バッキングラインがロッドティップからでるまでの距離を完璧なタイトループでキャストしつづけた。コツを尋ねたポールにフィッシングガイドは「バックキャストをアグレッシブに、フォワードキャストをジェントルに」と答えた。「逆だろう？」と疑念を呈したポールに、ガイドは「風は友達なんだ」と言ったのだった。向かい風に向かってフライを打ち込みたい人間の感覚とは真逆だ。良いキャストをするには、正しいキャスティング・プレーン、適切なタイミングでのロッドの停止と始動、適正なラインスピードが重要だが、アゲインストの風はバックキャストのブレを勝手に修正してくれた上、ラインスピードを加速してくれる。だから、キャスターがやるべきことは、後方にまっすぐ伸びてくれたラインをそのまま前方に投げ返すだけだ。バックキャストはエンジンで、フォワードキャストはハンドル、そして向

かい風は敵ではなく味方なのだ。―KD

20　ビギナーに釣らせる方法

最近、ニンフを使うフライフィッシャーの数が飛躍的に増えた。昨今のフライフィッシング人気のきっかけは、玉ウキのような大きなインジケーターを使う方法が、見るからに難しそうなフライフィッシングの敷居を下げたことだと思う。ぱっと見にはエサ釣りのように見えるから、誰にでもできるように見える。それでいてスタイルはいかにもトラディショナルなアメリカンアウトドアっぽいから、若者の興味を引くことになったのだ。

一方でベテランはというと、いわゆるチェコニンフ、ユーロニンフと呼ばれる釣法が段ちがいに釣れるという事実に気づいて、ドライフライからニンフへの転向が進んだ。そんなわけで、少なくともアメリカにおいては、ニンフフィッシャーはドライフライフィッシャーを凌駕《りょうが》してメジャーとなり、今やハッチマッチの釣りをするドライフライフィッシャーは、ヘンリーズ・フォークなどの特殊な釣り場に集結する、マイノリティー原理主義集団とさえいえる状況だ。もちろん、どちらが優れているなんてことは言えない。ただ初めてフライフィッシングをする人と同行する際には、インジケーターつきのニンフフィッシングを教えることを勧める。

インジケーターを使ったニンフフィッシングのなかでも、次に説明するもっとも簡便な方法においては、アップストリームキャスト、もしくはキャスティングという考えそのものを捨てよう。９ftのリーダーにインジケーターをつけ、その３～４ft下にニンフを結ぶ。ほんとうはドロッパーニンフをつけるダブルリグにしたいところだが、ビギナーにとってはティペットを絡ませるための小道具になってしまうので、潔く一つだけで釣ろう。

川のなかに立ち込んでラインを３～４m、長くても５m引き出し、リーダー、ティペット、フライを下流に流す。ロッドティップを下流に向けて、フライロッドとラインが一直線になるようにする。流れに乗ったラインがニンフとインジケーターを下流に引っ張っていく。ラインが伸びきるとインジケーターやニンフが水面で暴れてバシャバシャとやり始める。このとき、たとえば右岸に立ち、流れが左から右へ流れていて、あなたが右利きのキャスターだとする。下流にロッドと伸びきったラインが一直線になった状態で右腕を伸ばし、ロッドを持った右の手のひらが上を向いた状態で、大きく腕全体を上流側に向かって振る。これだけだ。インジケーターとフライは絡むことなく上流側に飛んでいく。フライロッドで初心者に魚を釣らせたいのなら、ぜひともこの方法でやってみてほしい。これもれっきとしたフライキャスティングである。後ろに伸びきって最大に負荷がかかった状態のラインを前方にキャストするのだから。この釣法の最大の利点は、キャスティングができなくても魚が釣れることに尽きる。キャスティングなんてあとでいいのだ。魚さえ釣れれば、人は魚釣りを好きになる。楽しいことが何よりも肝心で、釣れなかったけれども楽しかった、なんていうのはベテランの言い訳だ。—ＣＨ

21　『レッドブック』のヒント、人気投票第1位発表！

『レッドブック』に収められている250のヒントのなかで、もっともありがたがられたものは、ビッグホーン・リバーでガイドをしていた故ダン・スタインによる、きわめて短いアドバイスである（10　親指は知っている）。『レッドブック』を読んでいない人のために、ここでもう一度だけこのヒントを繰り返させてほしい。

――常に親指を視野に入れてキャスティングする。

これだけだ。手首の返しすぎ（コッキング）、バックキャストにおけるロッドの倒しすぎ、腕が体から離れすぎている、などさまざまな問題が一挙に解決する。このアドバイスは、もっともシンプルでありながら、もっとも有用なもので、生前のダンからこの言葉を聞けた私はラッキーだった。―ＫＤ

22　ライズを狙うな

誰にでも悪癖はあるものだが、キャスティングに限っていえば、私が目撃したもっとも多い悪癖は、キャスティング終了時にロッドティップを水面に向けてしまう癖だ。もちろんフライフィッシャーは全員、フライを水面や水中に落とすためにキャスティングをする。そこで問題になるのが人間の意識だ。人には目標を設定すると、無条件にそこを目指すという習性がある。目標がありながらその目標に向かわないという行為は、ほとんど苦痛でさえあるのだ。

　フライキャスティングにおける目標は、ズバリ魚である。「あっ、ライズだ、デカい！」と興奮したあなたは、期待に高鳴る胸を打ち震わせながら、デカ鱒に向かってキャストする。ここで問題が発生する。魚に向かってキャストするという意識があると、あなたが振り下ろしたロッドは、かなりの確率でティップが水面を指してしまうのだ。ティップが水面を指すということは、一般的にはリストダウンのしすぎで、つまりループは最後にきて広がってしまうことになる。必然的にフライはライズに届かない。

　この悪癖の解決方法は一つしかない。ライズを狙わないことだ。潔くあきらめようと言っているわけではない。ライズの１ｍ上方の空間に的があると思って、その空間を狙う癖をつけるのだ。その意識が過剰なリストダウンを防いでくれる。繰り返す。ライズを狙わないで、ライズの１ｍ上方の空間にダーツボードがあると思おう。そうすれば、一直線に伸びたラインとリーダーがブルズアイを射ぬいて、直後にふわりとフライを水面に落としてくれる。―ＫＤ

23 プラクティス・ロッドを笑う人たち

これまでいろいろなフライフィッシングの講習会や講演、そしてフライショップでたくさんのフライフィッシャーとキャスティングの話をしてきたが、プラクティス・ロッドをビギナーのためのものだ、と認識している人が圧倒的に多い。というか、そうでないと思っているフライフィッシャーが例外ですらある。例外のなかには、ショップで働くベテランや私やカークがいる。

不思議なことには、私がプラクティス・ロッドという言葉を口にすると、なぜか相手の顔にほほ笑みが広がる。まるで、いつか来た道を懐かしんでいるように。でも、じつは懐かしがっている場合ではないのだ。

読者の皆さんは1年に何回くらい釣りに行くだろうか？　ビギナーでもベテランでも、年に10回以内の人は、すぐにでもプラクティス・ロッドを買ってほしい。こう言うと、「でもプラクティス・ロッドって、結構高いんだよね」という人が現れる。SAGEやWINSTONの最新モデルに10万円以上を投資する人たちが、1万円以内の買い物に躊躇《ちゅうちょ》する。はっきり言ってしまおう。最新ロッドを買うよりプラクティス・ロッドを買った方が、あなたのキャストは改善される、つまり、さらに釣れるようになる。

フライキャスティングは自転車のように、一度乗れるようになれば一生乗ることができるような技術ではない。ロッドを振らないと、少しずつ理由もなく、そして絶対にキャスティングのウデは落ちていく。それはフライキャスティングが頭で考えるものではなく、体を使うスポーツだからなのだ。それをわかっている人は釣りに行かないときでも、近くの公園で周囲の目を気にすることなく、キャスティングの練習をする。そういう人にはプラクティス・ロッドの必要はない。でもそんな時間や余裕のない人は……、わかってる、生活って大変だ。だから年に10回以上釣りに行けないんだよね。せっかくの休みだって、あれこれと家の用事を頼まれるから、その合間にキャスティングの練習なんてやってられない、という気持ちは十分すぎるほどよくわかる。だからこそ、そんなあなたのためにプラクティス・ロッドがあると言いたい。

と、説明してきたけれども、じつのところ、プラクティス・ロッドの最大の長所は楽しいことだ。夜、仕事から戻ってきて、グラス片手にひょいとやると、結構ウサ晴らしになる。習慣になると、プラクティス・ロッドがない夜、たとえば釣りで宿に泊まった夜など、さびしくなるだろう（笑）。

24　ゴルフのスコアはパターで決まる。魚の数は？

フライフィッシャーの世界に漠然と広がっている常識的な空気のなかに、キャストの飛距離を熟練度の尺度とする習わしがある。

——すげー、見ろよ、彼女、軽くバッキングまで出してるぜ！

たぶん、彼女は素晴らしいキャスターではあるだろう。でも釣りがうまいかどうかなんてわかりやしない。遠くに投げることができるのは、少なくともキャスティングに真剣に取り組んでいるからで、確かに釣りそのものがうまい可能性も高い。しかしながら、現実のトラウトフィッシングで重要なのはじつは逆で、魚に近づくストーキング技術も含めて、近くに投げる技術なのだ（『レッドブック』のアドバイスを素直に聞いて、日々練習に励んでいる皆さん、近くにキャストする練習していますか？　練習しているうちに、徐々にキャストの距離が伸びてしまっていませんか？　それってショップで試し振りするときに、遠くに投げすぎる悪癖と変わりません。普段、釣り場で投げているレンジで練習してください）。

　例外は多々ありながらも、遠くからキャストする釣り人より、近くからキャストする釣り人の方が、魚をより多く釣るというのは事実だ。エキスパート・フライフィッシャーは、可能な限り短い距離でキャストできるかに腐心していて、ヒーローキャストにはまったく興味がない。

　もちろんソルトウォーターでは話がちがってくる。ソルトウォーターはルールが異なる別のゲームだ。特にフラットウォーターでは、ロングキャストができなければ釣りにならない。しかし、トラウトリバーのロングキャストが「百害あって一利なし」であることは断言できる。フライキャストは、ゴルフでいえば（『レッドブック』に引きつづき、毎度ゴルフのたとえで恐縮だが）、ティーショットでドライバーを打つのではなく、グリーンでパターを決めるイメージこそがふさ

わしい。―KD

25　シングルハンド・スペイの夜明け

私は、長い間スティールヘッドフィッシングには興味がなかった。アイダホ州には、コロンビアリバーの支流である、サーモン・リバーやクリアウォーター・リバーの源流がある。昔は、河口から１２００㎞という、とてつもない距離をサーモンやスティールヘッドが産卵のために遡ってきたのだが、建造された八つのダムがそれを不可能にしてしまった。今ではダムより先に行けなくなった魚たちを米陸軍と米海軍が捕獲して、陸路、空路でダムの上流側に放している。魚たちがありがたがっているのか、おせっかいだと思っているのかはわからない。わかっているのは、人間が愚かしいということだけだ（訳注：このあたりは、『サーモン―人と鮭の物語― ふらい人書房刊』に詳しい）。いずれにしても、１２００㎞を遡って産卵にやってきた彼らを釣る気になんてならなかった、というのがほんとうのところだ。しかし近年、スペイキャストはサーモンやスティールヘッドの領域を超えて、トラウトの世界に越境してきた。ダブルハンドロッドではなく、シングルハンドによるスペイキャスト技法と用具が開発されたのだ。

　これまでも、ダブルハンドロッドでトラウトを釣っているフライフィッシャーを数多く見てきたが、魚のサイズの割に道具立てが大げさで、私の目にはあまり楽しそうには映らなかった。私がスペイキャストを見直すきっかけとなったのは、シングルハンド専用ラインの登場だった。で、難しいのか？　ダブルハンドロッドに慣れていない人は最初、戸惑うかもしれないが、ロールキャストやメンディングをやってきた釣り人なら、直感的に使いこなせるはずだ。キャストの際に必要な「Dループ」、また、逆に避けなければならない「コリジョンループ」の予防法など、習得すべきいくつかの技法はあるが、どれも難しいものではない。これまでバックが取れない川や湖で、あきらめていたポイントにフライが届くようになる体験はとても新鮮だ。将来、シングルハンドのスタンダードラインになる可能性さえあると思うので、ぜひ早めに試してほしい。—CH

26　「D」は落第ではなく、合格

学生時代にDの評点をもらって、がっかりしたことを覚えているだろうか（私だけ？）。しかし、今、もしもあなたに再履修のチャンスがあったなら、Aを目指してはいけない。ロールキャスト（とスペイキャスト）における最高の評点は「A」ではなくて「D」だ。大きな川でスカジットスタイルのツーハンドロッドを使っていても、小さなクリークでシングルハンドの4番ロッドを使っていても、重要なのは背中側でロッドとラインが「D」文字状になっているかどうかである。

一般的なオーバーヘッドキャストとちがい、ロールキャストはモーションがゆっくりなので、自分の背後を見る余裕があるはずだ。『レッドブック』にも書いたが、ロールキャストは水面がないと練習できないために練習不足に陥りやすい。釣りたい気持ちがはやっている釣り場で練習しようとすると、かならず失敗する。管理釣り場や池などで、自分の背後でロッドが「D」の直線、ラインがふくらんだ曲線になっているかどうかを確認してほしい。—CH

27　まっすぐキャストする前にやるべきこと

『レッドブック』では「まっすぐキャストする」ことの重要性、そしてキャスター自身が思っている以上に、じっさいのキャストでは「肩を中心にロッドの軌道が回転してしまっている」ことを説明した。人間の体の断面が楕円であることから、腕をまっすぐ振ったつもりでも、円運動になってしまいがちなのだ。どうやってまっすぐキャストするかについて、ここでおなじアドバイスを繰り返すつもりはない。ただし、まっすぐ投げる前に、やるべきことをやっていないフライフィッシャーが多いことを指摘しておきたい。

　人間の体の断面も円いが、リールの断面も円い。リールは人間とちがって、完全な円形である。フライラインは直径数センチの軸に巻かれている。従って巻き癖がつきやすい。フライラインについた癖の矯正は、練習しないと直らないキャスティングの癖とちがって修正はきわめて簡単だ。ただ、引っ張って伸ばすだけ。

誰が考えてもわかる、この単純な事前準備を怠ってはいないだろうか？　釣りを始める前に、リールから十分な長さのフライラインを引き出して、まっすぐに伸ばしてから釣りを始める癖をつけよう。ついでに言えば、リーダーもしっかりと伸ばすこと。釣り場でリーダーに巻き癖がついたまま釣り始める人、結構、見かけます！　―KD

28　メンテナンスフリーのフライライン

最近、フライラインの価格はプラスチック製品とは思えないほど高騰してしまい、フライフィッシングが貴族のスポーツに逆戻りしている感がある。しかしながら、価格が上昇したからといって傷がつかなくなるわけではない。確かに、一昔前のラインに比べれば耐久性はある。しかし、水中の岩にこすりつけられたり、木の枝に絡まったり、さらにはウェーディングシューズで踏みつけられて、無傷でいられるプラスチック製品はいまだこの世に存在しない。1本のフライラインに1万円以上の投資をしたところで、私たちが使っているのは「消耗」品なのだ。フライロッドやフライリールとは、そこがちがう。フライラインはリーダーやティペットほど消耗の速度が速くない。だからこそ、どの時点で交換するかの判断が難しいが、フライラインがオリジナルの色ではなくなっていたり、表面に細かな傷が見えたら交換の時期だ。

高価なフローティングラインを使っていながら、キャスト後のラインが水中に沈んでいることに気づいていない友人に、「ラインのメンテナンスをした方がいいかも」と控えめなアドバイスをしたら、「このラインはメンテナンスフリーだから心配無用だよ」という返答をされて、本気で彼のことが心配になった。メーカーがいうところの「メンテナンスフリー」は、あくまでも、汚れや傷の影響を受けにくいというだけのことで、メンテナンスせずに永遠に浮力が保持されるわけではないのだ。そんなプラスチック製品があるはずはない。

傷んだフローティングラインは、現場でフロータントを塗布すればとりあえず浮くようにはなるが、それより重要なのは日頃のメンテナンスだ。釣りが終わったあとにクリーニングをすることで、フライラインの寿命を延ばすことができる。クリーニングといっても特別なことはなにもない。食器用の洗剤をぬるま湯に混ぜて、タオルで拭くだけのことだ。フライラインは消耗品でありながらも、メンテナンスを必要としている微妙な道具であることを忘れないようにしよう。

―KD

29　風は海の一部である

海ではスピードがすべてに優先するが、なによりも問題なのは風だ。フラットにしても沖合にしても、風が吹いていなかったらそれは奇跡的な日で、十中八九、海では風が吹いている。トラウトフィッシングの「強風」は、海では「そよ風」程度といっていい。風に負けないためには、速いラインスピードと低いライン軌道が重要だが、さらにもう一つ、スピードに関して重要な要素があって、それはフォルスキャストをしないことである。フォルスキャストの回数を少なくするのではなく、状況が許す限り、一切しない。広大な水域を移動しつづけている海の魚を狙う際には、1回のフォルスキャストが致命的な遅延になる。これは初めて海で釣りをするトラウトフィッシャーがかならず通る関門で、私の友人のフィッシングガイドは「ここは海なんだ、山のことは忘れて！」が口癖になっていて、フラットでの彼のアドバイスは、以下のとおり。

常にフローティングラインを25m前後引き出しておき、フライを指先でつかんだまま、ラインは潮の流れに任せるままにしておく。そして、クルージングしている魚が見えたら、フライを放し、1回のバックキャストだけで、フォルスキャストなしでキャストする。

風向きと潮の向きによっては、工夫が必要となることもあるが、たいがいのケースで有効な方法である。—CH

30　メンディングの時間

メンディングはトラウトフィッシングにおける必須のテクニックで、本来キャスティングとおなじくらい練習に時間を割くべきだと思う。しかし、近くの公園でメンディングの練習をすることはできない。水面があればなんとか練習ができるロールキャストよりも、さらに練習場所のハードルが高い。従って川に行くしかないのだが、川で練習するときにもっとも重要な要素は、その川に魚がいないことである。魚がいると釣りたくなるのが釣り人のサガで、そうなると練習にならない。

　魚釣りをやっていると、どんなにがんばっても、なにをどうやっても釣れない日というのがある。陽気のせいかもしれないし、先行者のせいかもしれないし、フライのせいかもしれないし、腕のせいかもしれない。そんなときにカッとなってやみくもに転戦をつづけるのはやめて、練習日に充てるというのは、将来のことを考えると、じつはもっとも生産性が高い行動ではないだろうか。

　メンディングだけではなく、ナチュラルドリフトにはさまざまなスキルが必要なのに、私が見るところ釣り場とおなじ環境で練習しているフライフィッシャーは全体の1割以下だ。週に何度も釣りに行ける環境で暮らしているなら、現場がそのまま練習の場となるから上達は速い。しかし、月に2回程度しか釣りに行けない人が、現場経験だけから学ぶには限界がある。毎度毎度のゴルフのたとえで恐縮だが、ゴルファーで打ちっ放し練習場に行かない人はごくごく少数派だ。練習の量と時間は、確実にスコアに反映される。練習の必要のないスポーツは存在しないのだ。

　そうは言っても時間がないという人で、かつメンディングの方法がわからないという人には、リーチキャストを勧める。リーチキャストはいたって簡単だ。通常のキャストを行い、ラインとリーダーが目標に伸びて、フライが着水する直前に、上流側に向かって大きく腕を伸ばすだけのことだ。上流側の水面にラインとリーダーが落ちるために、フライが落ちた水面とに流下速度の時間差が生まれ、その分だけナチュラルに流れる。―ＫＤ

31 フライフィッシングがスポーツである理由

キャスティングインストラクターの巨匠、ジョン・ジュラセックは、キャスティングをフライフィッシングにおける、もっとも重要な要素であると規定している。そして、「知っていること」と「できること」はちがうことを忘れないでほしいとも忠告している。つまり、正しいキャスティングを身につけるためには練習が重要だと言っていて、この一点においてフライフィッシングはスポーツの例外ではないのである。

いったい、オマエは何度おなじことを繰り返すんだと言われても、書かないではいられないから、もう一度書く。キャスティングの上達は、一に練習、二に練習、三、四がなくて、五に練習。キャスティングの上達は、練習量に比例するのである。サボりがちなあなたには、ついでに言ってしまおう。「釣りに行くヒマがあるんだったら、練習して！」―ＫＤ

32 リーダーシステムはフレキシブルに

フライフィッシングの楽しみの一つに、道具をそろえるという行為がある。私の周囲には新旧のタックル蒐集《しゅうしゅう》に凝りすぎて、釣りに行くことを忘れてしまっている友人さえいるが、そうでなくても、たいがいの釣り人は新しい道具をほしがるものだ。川で釣りをするだけなのに、竿がなぜ1本では足りないの？　リールが1個では足りないの？　というパートナーからのシニカルな質問に、本来は正直に「所有欲が抑えられないから」と答えるべきを、私および私の友人たちは「釣り場の状況に応じて、システムを変える必要があるから」と答える。やっかいなことには、言っている本人が自分に言い訳をしていることに気づいていない。パートナーへの言い訳に、釣り場の数が追いつかなくなった頃、新しいロッドの送付先は宅急便の営業所留めとなる。それはいい（ことにする）が、しかし本当に変えなくてはならないのは、ロッドやリールではないのである。

釣り場の状況に応じて変えるべきは、リーダー&ティペットシステムであることが多い。たとえば、私がもっとも好きな釣り場は近場にあって、クリスタルクリアな水が流れている、狭いスプリングクリークだが、そこでは6ft6in、3番のグラスファイバーロッドを使う。岸際には背丈ほどの草が生い茂っていて、バックキャストができる場所がほとんどない。こういった状況では、長いロッドを使って岸際の草をクリアするより、手返しのいいショートロッドを使って、ロールキャストで勝負した方が手っ取り早い。でも、ほんとうに重要なのは、リーダー&ティペットシステムだ。

私はフライラインに4Xのティペットを結びつけ、5X、6Xとつけ足して、（フライを結ぶ先端のティペットは6X以下にはしないが、長さは2ft以上にする）決してリーダーの長さを6ft以上にはしない。「6ft！」と驚くかもしれないが、しかしこの釣り場環境には最適なシステムなのだ。

リーダーやティペットをいくら買っても、宅急便の営業所留めにしなくてもすむ（笑）。ロングリーダーかショートリーダーかという議論以前に、リーダー&ティペット・システムは、そもそも可変であるべきなのだ。―KD

33　フライフィッシング業界の都合とフライラインの混沌《こんとん》

ラインスピードをあげるために、ロッドメーカーの指定よりも重いラインを使う状況、逆にデリケートなプレゼンテーションを優先して、軽い番手のラインを使う状況はままあって、『レッドブック』では、メーカーが指定しているロッドの番手どおりのラインを使う必要はなく、むしろ変えた方がいいケースも少なくないということを書いた。ところが『レッドブック』を書いた10年前と現在では、フライフィッシング業界の様子が異なっている。どう異なっているのか？

はっきり言ってしまえば、ＡＦＦＴＡ（旧ＡＦＴＭＡ）規格の無視である。無視というのが言いすぎであるならば、軽視と言い直してもいい。

ＡＦＦＴＡが決めているフライライン規格は先端から30ftの重さがすべてで、これだけでラインメーカーがカタログに載せる番手が確定する。先端の30ftが６・５gであれば、30ftより手前側がどんなに重くても軽くても３番ラインとなる。これには例外がない。

ビートルズ登場直前の、ロックンロール全盛の１９６０年代初頭に決められた規格から０・１gも変わっていないのだ。規格が決まった時代、フライロッドの主役はバンブーロッドだった。それから時代はＪＦＫ暗殺、ヒッピー、アポロ11号の月面着陸、ベトナム戦争、パソコン、インターネット、携帯電話、９１１、（高度経済成長、全共闘、沖縄返還、山口百恵引退、冷戦終結、昭和天皇崩御、バブル崩壊、阪神・淡路大震災、東日本大震災）その他もろもろを超え、今、我々がフライショップで見るフライロッドは、総じて「硬め」のグラファイトロッドである。ここで問題が起こる。

かつて３番のバンブーロッドを曲げた６・５gでは、今どきの３番のグラファイトロッドを曲げることが難しいのだ。で、困ったラインメーカーがどうしたかというと、ラインを重くしたのである。つまり実質３・５番と呼ぶべき番手を３番として販売している。ラインメーカーがウソをついているわけではない。じつは各番手の規格には、空白のレンジとでも呼ぶべき秘密の抜け穴があるのだ。

たとえば３番ラインのＡＦＦＴＡ規格は、先端30ftが１００gr（グレイン。１grは約６・５g）と決まっているが、前後６gr内であれば誤差として許容されている。つまり３番ラインの先端30ftは、94～１０６grまでの間が規格内ということになる。おなじように４番ラインの規格値は１２０grで、６grのアローアンスを含めると、１１４～１２６grとなる。３番の最大値は１０６grで、４番の最小値は１１４グレイン。ここに不思議な異次元空間がぽっかり空いている。では、いったい、３番でも４番でもない、１０７～１１３grは何番なのか？

多くのラインメーカーは、０・５番分盛ってあることを堂々と宣言しつつ、この空白地帯に該当するラインを３番としている（本来４番のはずの１２０grのラインを３番としているメーカーもある）。ラインメーカーの言い分としては、ロッドにだって３／４番があるのだから、ラインにだってあってもいいじゃないかというところなのだろう。ロッドには規格がなく、ラインにはＡＦＦＴＡ規格があるから、勝手に３／４番、もしくは３・５番などに変えるわけにもいかず、困っているということなのだろう。じっさいのところ、現代の３番ロッドには、かつての３番ラインがマッチしていないのが現実なのである。

しかし、これっておかしい。使用者に猛烈な混乱を引き起こす、というかすでに混乱が常態化している。見方を変えれば、製品の幅が広がって選択肢が増えているということでもあるから、これまで以上に必要な状況によって、自分自身でライン選定をおこなうことが重要となる。混乱は業界に任せておいて、使用者の我々はしっかりと自分の使うべきものを見極めよう。―ＫＤ

34　水面は「キャストしないバックキャスト」

キャスティングについてのアドバイスは、この項で終わりだ。最後にもう一度、最初の項「魚が釣れるキャストこそがグッドキャストだ」を思い出してほしい。すばらしく狭いU字ループや高速のラインスピードは、かならずしも釣りの現場では必要とされていないし、そのためにおこなうフォルスキャストは、むしろ魚を脅かす要因となる。じっさいに釣りに必要なのは近距離でのキャスティング能力であることを、これまでの29の項目で理解していただけたのではないだろうか。

近距離でのキャスティングでもっとも有効なのが、ロールキャストであることを最後に念押しさせてほしい。常に意識すべきは、目の前の水面の存在である。ロールキャストにおいては、目の前の水面が「キャストしないバックキャスト」である。ロールキャストに最大限のパワーを与えるためには、スタート時にロッドティップを極力水面に近づける必要がある。初めてのフライキャスティングレッスンで言われたことを思いだしてほしい。インストラクターは「ティップが芝生に触れるくらいまで下げてください」と言ったはずだ。これが最後だから、タコのできた耳を閉ざさないでしっかり聞いてほしい。

「ロールキャストの練習をしてください！」—KD

パートII　水を読む

35　釣り名人になるために

フライフィッシングには、競技として独立しているキャスティングや、ほとんどアートと呼べるサーモンフライタイイングといった独得の世界があって、他の釣法と一線を画す別次元の世界にも見えるが、本を正せばシンプルに魚釣りであることにちがいはない。

キャスティングやタイイングは、言ってみればフライフィッシングにおけるハードウェアである。キャスティングはメカニズムがはっきりしているし、タイイングには確立された手法がある。どちらも目指す姿をイメージしやすいし、釣り場以外でも練習できる。しかしながら、フライフィッシングに限らず、釣り全般に必要とされている「水を読む」能力は実体験の集積のようなもので、練習ができない。常にぶっつけ本番で、その都度情報が蓄積されてアップデートされていくソフトウェア的な要素が大きく、早期育成できない種類のものだ。

ことにフライフィッシングには、魚の姿を確認して、特定した個体を特定したフライで狙うことでその面白みが増すという側面があり、魚がいる場所を探し当てるための「水を読む」能力は重要である。パートⅡでは、釣り場で役に立つヒントをまとめたが、これを読んだからといって、次に釣りに行ったときに爆釣というわけにはいかないだろう。最大の問題は釣り場環境が常に変化しつづける点である。天候、時間、水生昆虫の羽化、他の釣り人の有無などによってめまぐるしく変化し、魚は移動する。いわゆる名人といわれる人たちはホームの釣り場だけでなく、アウェイでもしっかりと釣る。それはどちらかというとハードウェアの問題ではなく、情報処理能力に秀でているためで、すなわち優秀なソフトウェアが頭のなかに組み込まれているからなのだ。

この本は、より大きな魚をよりたくさん釣るためのヒント集だが、これらのヒントを釣果につなげるためには、よりたくさんの経験をして、そこで得た新たな気づきによって、自分の頭を常にアップデートしつづけることこそが重要である。頭でっかちになってはいけない。—KD

36 ライズしているからドライフライ？

「トラウトフィッシングのなにが楽しいって、ライズしている魚を狙う以上に楽しいことはないよ！」という釣り人は多い。普段、水のなかにいる魚が水面に頭を出したり、ときに空中にジャンプして全身をさらけ出すと、たいがいのフライフィッシャーの心拍数は跳ね上がる。ライズするということは、すなわち魚に食い気があるということだし、魚がどこにいるかを特定できることで、魚に気づかれないようなアプローチが可能になるからだ。さらに、ライズフォームによって、魚が捕食しているのがメイフライなのかカディスなのか、カゲロウであればイマージャーなのか、ダンなのか、スピナーなのかを推測することができる。捕食している虫の形態がわかれば、その状態に似たフライを使えば、キャッチの確率は高くなる。だからフライフィッシャーはライズが大好きなのだが、相手がありったけのヒントをだしてくれているだけに、そのパズルが解けなかったときの落胆ぶりも激しい。「リンゴ」、「落下」、「重力」とまでヒントを与えられながら、「ニュートン」と答えられなかった小学生になった気分になるのだ。

ライズフォームといっても、かならずしも魚の姿が見えるとは限らない。わずかに水面がよれたように見えるだけのわかりにくいライズもある。多くの場合、それはメイフライのイマージャーを捕食しているサインだ。その後、水面まで浮上しているダンの個体が目立つようになり、水面に浮いたダンをローリングするように捕食する魚が現れる。問題は明らかにダンを捕食しているのに、ダンを模したフライを投げても食いついてこないケースで、こういうときには完全に水面上に浮いたフライではなく、フライの一部が水中に沈んだパターン、もしくはあえてナチュラルドリフトを避けて、ソフトハックルフライをスイングさせると効果があることが多い。魚が水面に浮いたフライを拒絶する理由にはいくつかあるが、やはり警戒心が最大の理由ということができるだろう。「ライズしているから、ドライフライ」と決めつけるのは早計だ。釣り人の多い釣り場で釣りをするときには、ライズフォームに合わせたフライがかならずしも正解とはならないことを頭の隅に置いてフライを選択しよう。―CH

37 ルームサービスお断り

ほとんどの魚、特にトラウトは、ダイニングルーム、ベッドルーム、リビングルームを明確に区分けして日常生活を送っている。私が観察したところによると、井戸端会議であれこれと情報交換をしている場所もある。リビングでテレビを見ながら、ダラダラとアイスクリームを食べつづける魚はいないし、ベッドの上で朝食のルームサービスを楽しむ魚もいない。魚がいそうだからといって、むやみやたらと深い淵にドライフライをキャストしつづけると、かえって食い気のある魚たちに警戒されるだけだからやめた方がいい。—KD

38 大魚はどこで釣る？

一般的には「大きな川には大きな魚がいて、小さな川には小さな魚がいる」と考えられている。数多くの例外がありながらも、科学的には正しい見解といっていいだろう。「ならば大きな魚を釣るには大きな川に行けばいい」かというと、少なくともフライフィッシングではかならずしも正しいとはいえない。

世界中のサーモン漁の大半は、河口、もしくは湾内でおこなわれている。外洋でのサーモン漁が非効率的だからである。フライフィッシングにさまざまな楽しみ方があるとしても、大半のフライフィッシャーが大きな魚をたくさん釣るという目的に向かっていることは確かで、限られた時間をどうやって使うかという点では、やはり効率は無視できない。もともとフライフィッシングは遠くにいる魚を狙う釣法ではなく、広い水域をカバーすることは困難だ。従って大きな川に行くことが、かならずしも大魚をゲットする近道とはいえないのである。サーモン漁師のように、狭い水域にいる大きな魚を狙うことが重要となってくる。じっさい、小さな川に驚くべきサイズの魚がいることが、さまざまな調査で明らかになっている。ことトラウトのフライフィッシングにおいては、大きな川で大きなトラウトを狙うよりも、小さな川にいるはずの大きな魚を狙うことが、大魚キャッチへの近道である。―ＣＨ

39　ピローライダー

岩の前（上流側）には、岩に当たった水流がクッションになって、水圧が弱くなっている場所がある。誰が言いだしたのか、そこはピローと呼ばれていて、そんな岩の前に定位している魚を、私はピローライダーと呼んでいる。速い流れのなかで体力を消耗せずに、上流から流れてくるエサを待ち受けることができるために、トラウトにとってラクチンな定位場所だ。

逆流する流れで水面が鏡状になっていることが多く、身を隠す場所がないために、多くのピローライダーの警戒心はやや強めだ。そんな魚に向かって、アップストリームでドライフライをキャストすると、下流側に追っては来ても、食いつくところまでいかず、Uターンされることがままある。そういった場合はこっそりと上流側に回り、ポイントからやや距離を置いた水面にダウンクロスでフライをキャストし、トラウトの視界にフライを早めに入れるような流し方をすると、あっけなく釣れてくることがある。またストリーマーやソフトハックルを魚の目の前でスイングさせるのも効果がある。ピローライダーは警戒心が強いため、深追いしてもあまり意味がない。2、3キャストしてダメだったら、先へ進もう。—KD

40　水しぶきの理由

早瀬のなかで起こるライズは水しぶきが上がって派手だから、ついついフライボックスのドライフライに手が伸びがちだが、もしも最初のドライフライが拒絶されたら、もう一つくらいは試して、それでもダメならあっさりとドライフライはあきらめた方が、良い結果に結びつくことが多い。早瀬で起こるスプラッシュライズは、羽化するために浮上しているイマージャーを捕食していることが多いからだ。流速の速い水面を流れるフライに多少のドラッグがかかっても、トラウトは気にしない。流し方が悪いのではなく、フライがちがっていると考えるべきだろう。

少し間を空けてから、水面直下にイマージャーやピューパを流してみよう。それでもダメだったら、ソフトハックルをスイングさせ、最後にニンフを流すというように、フライの深度を変えることが重要だ。ドライフライにこだわりつづけていると、せっかく上を向いていたトラウトは徐々に警戒心を強めて、浮かび上がってこなくなる。—KD

41　日なたと日陰の関係

日中に川や湖で釣りをしていて、これといったストラクチャーがない場合は、木々が水面にシェードを作っている場所がポイントとなる。水生昆虫の羽化や特定の流下物がない場合、明るく開けた場所に野生魚が定位することは少ない。鳥などの天敵に見つかりやすい場所でのんびりヒレを揺らしているのは、世間の厳しさを知らない放流魚だけである。

明るい渓の、いかにも魚が潜んでいそうなポイントが空き家のときは、反対岸の取り立てて好ポイントに見えない地味な日陰部分にキャストしてみよう。光を嫌った魚の一時的な避難場所になっていることがままある。—CH

42　釣り人が相手にしているのは？

トラウトの脳はせいぜい小さな木の実程度の大きさで、質量的に人間の脳にとおく及ばない。

だから、釣りというゲームは釣り人の圧勝となるはずなのに、どうしたことか、しばしば私たちは敗者となる。なぜか？　数え切れないほどさまざまな理由があるだろうが、私自身の実感としては、多くのトラウトが釣り人によって本来あるべき無垢な状態ではなくなっていることが最大の理由であるように思える。

　たとえば、人が訪れることの少ない米国西部の山上湖にいるカットスロートやカムチャッカのニジマスにフライをキャストすれば、獲物を逃さない本能のままに迷わずに食らいつく。一方、ヘンリーズ・フォークのニジマスは、目の前に流れてきた物体を、まずは疑うことから始める。ヘンリーズ・フォークの魚にしても生まれ落ちたときには無垢だったのに、シーズンインした途端に殺到する釣り人に連日痛めつけられれば、それなりの知恵がつくというものだ。春から秋まで、くる日もくる日も朝から晩まで、ひっきりなしにステーキやエビフライが頭上を流れてくれば、木の実大の脳であっても、「そんなはず、ねーだろう！」くらいの判断はできるようになるわけだ。

　言い方を換えれば、釣り人は魚を相手にしているように見えて、多くの釣り場において相対しているのは、他の釣り人なのである。言ってみれば、魚は過去の釣り人の幻影であり、釣り人は魚を介して他の釣り人を見ているのである。

　そう考えるとき、スレた魚が多い釣り場で他人とおなじフライを使うことがどれだけまちがった選択であるかがわかるだろう。人気のある釣り場では、他の釣り人の裏をかくフライ、ちがったアプローチがキーとなることが多い。釣り場近くのフライショップに行って、「釣れるフライ」を買っても、釣れないのは当たり前なのである。「魚の気持ちになってみる」というのはありがちなアドバイスだが、「他の釣り人の気持ちになってみる」ことが、釣り場によってはとても重要なこととなる。—KD

43　目に見えないストラクチャー

私たち釣り人はダイバーではないから、水のなかをのぞくことができない。釣り人が日常的に見ているのは、ほぼ2次元の水面だけである。ベテランが川を見て「良さそうな釣り場だ」と言うとき、きっと彼や彼女は水面下の様子を思い描いている。ぱっと見には変化の乏しい釣り場であっても、水中にストラクチャーがあったり、水草が生い茂っていることはままあるものだ。水深がそれほど深くなければ、水中の様子は水流のよれとなって現れる。水面によれがある流れの底にはきっとなんらかの変化があって、魚のつき場になっているので、見逃さないようにしたい。

湖、沼、ダム下の釣り場など、水が干上がったり、減水することのある釣り場では、水底の状態を確認できるチャンスがある。渇水で釣りにならないからといって敬遠してはいけない。そんなときこそ、次の釣りに備えて水底の確認をしにいこう。—CH

44　名人の目

釣り名人と呼ばれる人には、例外なく一つの共通項がある。それは魚を見つける能力に秀でているという事実である。視力はいいに越したことはないが、肝心なのは視力ではない。私の知っている名人の一人はひどい近眼で、分厚いレンズのメガネをかけているのに、18m先の水面を指差して、「ゆっくりヒレを動かしている。25㎝くらいだね」と言う。

フライフィッシングはライズを見つけて、その特定の魚を釣ることで楽しみが倍加する。ライズを見ただけで興奮するというフライフィッシャーも少なくない。しかしながら、魚はそうそういつでもライズしてはくれない。というよりも、トラウトの食性全体からすれば、水面まで浮上して虫を捕食するというのは、どちらかといえば例外的なケースですらあるといえる。言ってみれば、ライズとは捕食に夢中になっている魚の見せる隙であり、その隙に乗じてその魚を釣ろうとするのがドライフライフィッシングの手法なのである。

ところが名人は、ライズがなくても魚を釣り上げる。魚が見えているから、どこにキャストすべきかわかるのだ。魚が見えてくると、不思議なことにはこれまで見えなかった微細なライズも見えてくるから、さらに確率が上がる。偏光グラスをかければ誰にでも水中の様子はわかるが、魚を見つけるにはまた別な視点が必要である。以下が名人に近づくための六つのステップである。

1　水中の動かない影を除外する。

2　玄関ドア1枚くらいの範囲に限定して探す。

3　魚体そのものではなく、尾びれ、胸びれ、エラ、斑点など、魚のパーツを探す。

4　動きを待つ。魚はかならず動くので、その瞬間を待つ。

5　魚がつきそうな場所を優先して探す。

6　品質の良い偏光グラスを、TPOによって使い分ける（私は光の加減を見て、1日の内に偏光グラスを3種類くらいかけ替える）。

この六つのなかでも5がもっとも重要で、名人には魚の居場所の予想がつくから、自動的に見えてくるという部分がある。水中の魚がどこにいるか見当がつかない人は、まずはライズしている魚を水中で見つける練習からしてみるといい。―KD

45　行列のできるフォームライン

トラウトストリームにおけるフォームラインは、フィーディングをする魚のビュッフェラインである。泡そのものが流れの速さを正確に示してくれるので、ドラッグ回避のためにどこにキャストすればいいのか、どの程度ラインをメンディングすればいいのかといったヒントさえ与えてくれる。知らない町でのランチに迷ったときに行列ができている店を選ぶように、初めての釣り場では、まずは迷わずフォームラインにキャストしてみよう。―ＣＨ

46　教訓は失敗のなかにある

失敗をしたとき人は落ち込む。もう2度と這《は》い上がれないと思うほどの挫折を経験したことがある人もいるだろう。長い人生を生き抜いていく上で重要なのは、なによりもタフであることだが、失敗を教訓としてその後に生かさないと、おなじ過ちを繰り返すことにもなる。2度と這い上がれないような挫折を3度繰り返すと、ほんとうに生きていくことができなくなるかもしれない。で、もちろんこの本は釣りの本だから釣りの話になるわけだが、一体全体、私はこれまでどれだけの失敗をしてきたことか。ライズだらけの水面を見て、満面の笑みと共に楽勝を確信したあとの完封負け、夕暮れからとっぷりと日が暮れるまでコンスタントにライズを繰り返しつづけたというのに、私の流すフライには1度たりとも興味を示さなかった大ブラウンに叩きのめされたイブニング、ネットまで1㎝のところで逃げられた大ニジマス。どれだけの屈辱にまみれたことか。しかし相手が一枚上だからこそ、チャレンジングなのだ。だからこそ次がある、明日があるのだ。逃した魚はいつでも大きいけれども、明日キャッチするはずの魚はもっと大きい。その

ためには反省をして、勉強をして、経験を積むしかない。—KD

47　リトリーブの方法

ストリーマーやポッパーを使った釣りでは、リトリーブの速さやポーズのタイミングが重要だが、そこには一つの鉄則がある。フライがイミテートしている生物の動きに似せるという単純なルールである。シュリンプの多くは後ろ向きに跳ねるように泳ぐし、カニは水底を這うように移動し、ときおり水底の流れに乗って移動する。小魚は急発進と急停止を繰り返しながら直線的に動く。あるいは傷ついた小魚ならば、ふらふらと水中に漂う。

リトリーブの要諦は、水中でのフライの姿を想像しながら演出することである。デッドドリフトでドライフライを水面に流すように、水中のフライが本物の生物だったらするであろう動きをイメージしてリトリーブする。シュリンプパターンをデシーバーのように高速リトリーブすれば、魚はスーパーシュリンプの登場に恐れをなして、逃げ去ってしまうだろう。—CH

48　集中力

ニューヨークのデラウェア・リバーのイースト・ブランチを、全米でも有数のフィッシングガイド、ジョー・デマルデリスに案内してもらったときのことだ。私は船首に座り、ともにはトム・ローゼンバウアー（オービス社）がいた。ポイントが近づいてくると、ジョーはボートをスローダウンさせた。彼がアンカーを下ろしたのか、オールを強く引いたのかは、その後の出来事の印象が強すぎて覚えていない。

私たちは川の中央付近にできている、大きな巻き返しの15mほど上手で止まった。巻き返しにはたくさんのライズがあったが、そのなかに明確に一つだけ別格なものがあった。そのライズはまるで水洗トイレのレバーを引いたときのように、派手な音としぶきを上げていたのだ。

ジョーは、「あの魚だけに集中するんだ」と言い、私は周囲の小さなライズを無視した。「ワンキャストで決めなければ、結果的に自分の首を絞めることになる。ワンキャストごとにオッズの確率は下がっていく。一発で決めてほしい」。ジョーはそう言った。

私はありとある能力をワンキャストに注ぎ込むのだ、と自分に言い聞かせた。トム・ローゼンバウアーが私の釣りを見ているということだけで私の緊張感は倍加していたが、それでも私の集中力が途切れることはなかった。

「ヘンドリクソン」。ジョーはそう一言だけ言って、口をつぐんだ。私は迷わずヘンドリクソンのイマージャーをティペットの先に結んで、キャストの体勢に入った。一発勝負。やるか、やられるかだ。

そして、私はその日、ライズしていた2kg超のブラウントラウトを釣り上げた。私の頭のなかは真っ白で、巨魚がフライをくわえたあとのことは何も覚えていない。ただ覚えているのは、フライを選ぶとき、「迷ってはいけない、一番自信があるフライで勝負しよう」と自分に言い聞かせたことである。ここ一番というときに大切なのは、自信と勇気だ。フライショップで「これが釣れる」と言われたフライではなく、自分自身の経験から、「コイツを信用しよう」と思うことのできるフライを選ぶことで、覚悟が決まるものなのだ。—KD

49 濁りは味方

トラウトフィッシングの魅力が、水草が揺れるクリスタルクリアな水流のなかにウェーディングして、妖精のようなカゲロウをイミテートしたフライで、美しいトラウトを釣るという叙情的な側面にあることは確かだ。しかしながら、世の習いのとおり、ときに真実は薄汚れたサイドにある。

増水時の濁った川を敬遠すると、大釣りのチャンスを逃すことになる。川が濁っているからといって、魚たちが捕食していないわけではないのだ。居場所と捕食パターンが普段と変わっているために、いつもの釣り方では釣れないだけの話だ。増水した流れのなかから釣り上げた魚の腹を見ると、パンパンに膨らんでいることも多い。

濁りは魚の警戒心を緩ませる。これは人気釣り場で人ズレしているトラウトを相手にするには、かえって好都合な状況ともいえる。普段よりも魚に近づけることが釣り人に有利だし、増水時にトラウトがセレクティブになっていることも少ない（ときにアントだけを食べまくっていることもあるが）。

ピュアリストの皆さんには残念なお知らせになるが、繊細なドライフライは役に立たないことが多い。水中の視界が悪いし、増水しているために水面までの距離がある。もし、どうしてもドライでやりたいというのなら、ドデカくて派手なフライで勝負するしかない。確率は高くはないが、それでも大物ゲットのチャンスはある。

しかしなんといっても、増水で濁りが入っているケースではニンフ、それもビーズヘッドパターンが有効なことが多い。ビーズヘッドが何に見えているのかはわからない。ただまちがいないのは、濁りが入った水流のなかでは、トラウトの目にビーズヘッドのきらめきが魅力的に映っていることだ。また、増水時には濁りが入ってきている流れが透明な流れと合流する地点も、往々にして好ポイントとなる。濁りが入った流れから、たくさんの捕食物が流れ込んでくることを知っているトラウトたちが待機している。—CH

50　魚だまり

前項の、濁った水と澄んだ水が出会うポイント同様、水流に温度差がある二つの流れの合流点も重要なポイントとなる。トラウトは高い水温下で生きてはいけないが、地球上の生物における生息環境的には、温度が高い方が生物が豊富かつ多様になるという鉄則がある。温かな水流からはたくさんの食物供給があって、それをトラウトは知っている。合流点はいつでも絶好のポイントだが、ことに二つの流れに温度差がある場合には、水が混ざるあたりが魚だまりになることがある。—CH

51　1~2℃の水温差がちがいを作る

数年前の夏、私は息子を連れてカナダのマニトバ州北部へ行き、ノーザンパイクを釣った。シーズンが始まったばかりの6月の第1週のことで、緯度の高いこの地域では春どころか、冬の気配さえ残っていた。私たちが到着する前の数日間は晴れて暖かかったらしいが、タイミングが悪く、私たちはその後の数日間、冷たい風と横殴りの雨のなかで釣りをすることになった。

しかし、そんな悪条件のなかでも魚は釣れた。フィッシングガイドは、私たちを朽ちたウィードベッドが沈んでいる釣り場へと案内した。寒々しい光景のなかで、水中に沈んでいる茶色い草を見て、私は凍えるような気分だった。ところがガイドは、ここなら釣れると言う。私と息子は半信半疑のまま釣りの準備をして、そして息子の第1投で魚が釣れたのだった。

ガイドが説明するには、腐敗した植物が水中で熱を発し、寒々しい湖のオープンウォーターからウィードベッドにパイクを引き寄せているというのだ。朽ちたウィードベッドと周囲の浅瀬の温度差は、おそらく1~2℃だったと思う。寒風が吹き荒れているなかでの1~2℃のちがいが大きいことを実感した釣行だった。どの釣り場にでも当てはまることではないが、その釣行以降、私は日和が悪い日には少しでも魚の活性が上がる場所を探す努力をするようにしている。—CH

52　古い教科書は捨てよう

――長い瀬や、プールで複数のライズ、もしくは魚影を見つけた場合は、下手の魚から順番に狙っていく。

と、かつて私は教わった。上手を泳ぐ魚を先に釣ってしまうと、驚いた下手の魚が散ってしまうからだ。私とおなじように教えられたフライフィッシャーも少なくないと思う。理屈は合っているだろう。夜陰に乗じて潜入した敵陣で、手前に立っている歩哨から順に倒していくのはセオリーだ。しかしながら、トラウトの世界は人間社会ほど整然としていない。いつからか私には、この教えは理屈がすぎるように思えるようになった。今では私は単刀直入に、そこにいるナンバーワンの魚を狙うようにしている。ナンバーワンの周囲を泳ぐ護衛たちを釣っているうちに、異変は伝わってしまうものだ。私は数多くの魚を釣るよりも、1匹の立派な野生魚を釣りたい。だから、一発勝負のこの方法を取っている。私とおなじ指向の釣り人は、古い教科書とはお別れした

方がいい。―KD

53　鳥に聞け

水生昆虫の羽化は、大々的なお祭り騒ぎのスーパーハッチもあれば、見知らぬどこかで人知れずひっそりとおこなわれることもある。グリーンドレイクのスーパーハッチで知られるアイダホのヘンリーズ・フォークで、釣り人が羽化の指標としているのが鳥たちの動向だ。ヘンリーズ・フォークにはアジサシやウミネコなどが生息しており、普段は群れになって水辺にたむろしているが、水生昆虫の羽化が始まるといそいそと活動を開始する。有名なラストチャンス周辺は遮蔽物《しゃへいぶつ》のないオープンウォーターなので、かなり遠くまで川の様子が見渡せる。ヘンリーズ・フォークの釣りは、ライズ待ちの釣りというイメージがあるかもしれないが、フラブ（グリーンドレイクよりも一回り小さい）やブラウンドレイクの羽化はピンポイント的に起こることも多く、鳥たちの移動に合わせて、自分も移動すると効率的な釣りができる。イエローストーン地域でいえばマジソン・リバーも同様で、ことにアースクウェイク・ダムより下流（いわゆるローワー・マジソン）におけるカディスの羽化は、きわめて限定的に発生する。おなじ場所から上下に分かれて川へ入った二人が、一方はライズだらけ、もう一方はライズなし、というまったくちがった状況を体験することもままある。そんなときの指標は、やはり鳥だ。マジソン・リバーも開けた釣り場なので、鳥たちの様子を観察してから、川へ下りた方がいい。

また、イエローストーン国立公園内を流れるファイヤーフォール・リバーでの指標はツバメだ。ある年の秋の夕暮れに、川を上がろうかというタイミングで、唐突にツバメの活動が活発になり、直後にトラウトたちのライズが始まった。夕暮れという時間帯ということもあって、カディスと見当をつけた私は、Xカディス、アイリスカディス、スパークルピューパとフライを交換していったが、魚はまったく反応しない。目を凝らしてみると、ツバメたちは水面上を流れている何かをついばんでは上空へ舞い上がり、また川面へと戻ってくることを繰り返している。私の目と鼻の先でツバメは急降下し、水面すれすれでホバリングして虫を食べているというのに、光量の少ない曇天の日暮れだったこともあり、私の目にはツバメがいったい何をついばんでいるのかがまったく見えなかった。私はツバメがホバリングする様子から、羽化しているのはメイフライで、見えないことから極小のベイティス（コカゲロウ）であると推測し、#22のBWOダンをティペットに結んだ。その1投目だった、それまで私のカディスパターンに沈黙していたトラウトが、疑う様子を見せずにフライを飲み込んだのだった。その夕暮れ、私はおなじフライで立てつづけに3匹のブラウントラウトを釣り上げたが、本物のベイティスは1匹たりとも視認することができなかった。夕暮れの薄暗がりのなかを、すでにまばらになったツバメたちに礼を言って、私は川をあとにした。―KD

54　成功の影に情報あり

その年の冬、私はフィッシングショーのイベントのためにニューオーリンズに滞在していた。ルイジアナはレッドフィッシュフィッシングで知られているが、冬に「ブル・レッド」と呼ばれるトロフィーが釣れることは稀だ。だから釣りをするつもりはなかった。ところがフィッシングショーのフロアに立っている私の耳元で、「グランド・アイルでレッドフィッシュが釣れているぞ」とささやく者がいた。「こんなに寒いのに、まさか？」と疑った私に、「グランド・アイルであれば、どこでも釣れるわけではないんだ。今日のように気温が5℃前後しかない寒い日には釣れるポイントが限られているが、ポットホールを知っているフィッシングガイドに頼めば、逆に大釣りになる」という。「ポットホール」という初めて聞く言葉に首を傾げる私に、「行けばわかる」と言って、ガイドの電話番号を告げた。私はフィッシングショーが終わるやいなや、車で数時間かけてグランド・アイルへと急行した。甘い誘惑に弱いタイプなのだ（たぶんあなたとおなじく！）。情報源から指定されたフィッシングガイドの操るカヤックに乗ったその1日は、私にとって人生最高のレッドフィッシュ・デーとなった。カナダでのノーザンパイクのウィードベッド同様、ピンポイント的に温かい場所があり、魚はそこに集まっていたのだ。ルイジアナの湿地帯の水底にはバスタブ大のくぼみが点在していて、そこだけ水温がちがうのだった。釣りは運と腕だけではなく、

情報が重要なスポーツであることを再認識したのである。―CH

55　変化を狙え

『レッドブック』同様、この本でも重要なことはしつこく繰り返させていただく。カリフォルニア沖のシャークフィッシングでも、スモーキーマウンテンのトラウトフィッシングでも、カナダのノーザンパイクフィッシングでも、対象魚がどんな種類であっても、魚は流れの変化、水深の変化、水色の変化、水底の変化を好む。そしてそんな変化が同時に起こっている場所、たとえば岩の周りを流れが渦巻き、流速が変わり、水深がちがうために水色が変化していて、そこだけ日陰になっている場所を見つけたら、そこがあなたのファーストキャストの着水点だ。―KD

56　原理主義者の#24

世の中にドライフライ信者は多いし、妙に逆張りを気取って、オレはニンフ専門だというフライフィッシャーもいる。フライフィッシャーは面倒くさい人種なのだ。しかしだ、フライフィッシングは思想でもなく、主義主張でもない。ノーマン・マクリーンが『ア・リバー・ランズ・スルー・イット』の冒頭に書いたように、多少なりとも宗教じみていることは認めるとしても、基本はアウトドアスポーツなのである。

多くのスポーツ同様、フライフィッシングにもゴールがある。言うまでもなく、それは魚を釣り上げることだ。それもできるなら、大きく野性的な1匹を。ピュアリストは「ドライで釣らないと釣っている気がしない」と言うが、ほんとうは釣れないから釣っている気がしないんじゃないだろうか、と疑いたくなるときがある。

1匹たりとも虫が飛んでいない寒々しいどんよりとした初春に、#24のミッジを結ぶピュアリストに、私は行きすぎた原理主義者の姿を見る。釣り人であることを忘れてはいないだろうか？状況によっては戦略を変えない限り、敗戦の色は濃くなる一方だ。ピュアリストの皆さん、多少は私の意見を聞いてもらえないだろうか？

魚が見えている場合、その魚が定位している位置によって、ドライフライにこだわらないでフライの選択をするのだ。中層から表層近くに定位している魚は、まずは水面を見上げていると思っていい。ドライフライやサブサーフェイスフライの出番だ。けれども底に張りついている魚には、おなじ水深まで沈めることができるニンフを使おう。『レッドブック』で耳にタコができてしまった読者も多いかもしれないが、ニンフは沈めるだけでは意味がない。フライを魚がいる水深まで、しっかり落とし込むことがなによりも重要だ。ガン玉を1個つけて、沈めた気になってはいけない。たいがいの場合、ウェイトが不足している。底を流したいなら、自分が思っている倍のウェイトをつけてみるといい。—KD

57 ライズリングは過去の遺物

ありがちなことではあるだろうが、ライズリング目がけてキャストしてしまう釣り人が後を絶たない。アップストリームで釣っている場合、どの程度上手《かみて》にフライを着水させればいいかは、羽化の有無や虫の種類、流速、季節、水温など、さまざまな要素があって、一概には言えない。ただし、ライズリングが常に流れ下っていることを忘れないようにしよう。今、私たちが夜空に見ている3万光年先の星の光は、3万年前に発せられた光で、もしかすると、すでに星は消滅してしまっているかもしれない。星の光と同様に、ライズリングも過去そのものだ。あなたがライズリングを見たと思っている場所は、じっさいには魚がライズした場所よりも少し下流である。ゆったりとした流れのなかでのライズリングであればそれほどの誤差は生じないが、流れが速いと人間の目はだまされてしまう。私は以前、スキューバ・ギアを装着して、友人が釣っている姿を水中から撮影したことがあるが、友人のキャストの大半は魚の尻尾あたりに着水した。私は浮上して「ライズの上手にキャストしないとダメだよ」と言うと、友人は不服そうに「いや、ちゃんとライズの50㎝上手側に着水させてるよ」と言った。――KD

58　泥の道

以前、ミシガン湖のビーバー島沖で、フライフィッシングでのコイ釣りの達人、スティーブ・マルティネスとボートの上から釣りをしていたとき、5kgを超える魚が何百匹も群れになって移動しているところに出くわしたことがある。といっても、じつは私にはそれが魚の群れであることすらわからなかった。水色は乳白色をして、水面から数m先にあるはずの水底も見えなかった。

スティーブは濁った底を見て、魚の群れがいると言ったが、私には何も見えなかった。じっさいスティーブの目にも魚は見えていなかったのだが、彼は魚が水底の食物を食べるときに巻き上げる泥を見ていたのだ。そう言われて湖面を見渡してみると、そこには平原で砂埃を巻き上げるヌーの群れのような一筋の煙幕が水中に伸びていた。私たちがやるべきは、泥の道が始まる数m前までボートを移動させ、そこにフライを落とすことだけだった。その日は忘れることのできないコイの祭典となった。湖だけでなく、フラットでも同様なことが起きる。ボーンフィッシュを見つけるためには、彼らが巻き上げる泥に注目しよう。――KD

59 ファイトプラン

いかなる戦いにおいても計画は重要だが、私の知るフライフィッシャーの多くは魚をかけるまでの作戦には時間をかけたり、念を入れたりするのに、かけたあとのことはあまり考えていない。魚がワイルドで賢く、大きければ大きいほど、フライに食いつかせるのは難しいが、かけたあとはさらに難しくなる。それなのに、多くの釣り人にはその準備がない。逃がした魚は大きいといわれるが、じっさい大きいから逃げるのである。

ワイルドで大きな魚がいると予想されるポイントでは、アプローチの仕方、立つ位置、使用するフライを決めたあと、かならずどこに逃げ込まれたらマズいか、どこでランディングするのがベストかといった、かけたあとのイメージを持つようにしたい。―ＫＤ

60 スローバンクを狙う時期

一般的に、蛇行する川の外側のバンクは内側よりも深くえぐれ、水深も増し、流下物も多いことから、魚釣りの好ポイントとなりやすい。反対岸には冗長でシャローな岸辺ができる。だから釣り人の多くは外側のバンクに集中する。それでいい。1年の大半は、それが賢明な方法であることはまちがいない。しかし、雪代が出る前のシーズン初期、外側のバンクは総じて水温が低い。そして雪代が出始めると水は濁り始め、水温が下がる。従って魚は水温の高い反対岸にいる。シーズン初期にシャローに足を踏み入れたとき、足元から魚が飛び出してくるという経験がある釣り人も多いのではないだろうか。

シーズン初期に良い釣りをするコツは、川の内側カーブのシャローサイドに注目することだ。魚はくるぶしほどの水深しかない浅瀬にでてきているから、雪代が落ち着き、安定したら、反対側のバンクに戻ればいい。その間までは辛抱強く、変化に乏しい平凡な浅瀬を丹念に探っていこう。―KD

61 コイの会話

カープフィッシングではトラウトフィッシングではありえない、不思議な現象に出くわすことがある。びっくりしたり、危険を察知したコイは水中にフェロモンを放出し、他のコイがその刺激に反応するというのだ。従って、1匹を驚かせてしまうと、他の魚に伝染することが多い。ミシガン州のビーバー・アイランド沖でケビン・モーロックと釣りをしたときには、奇妙な現象が何度も繰り返された。釣りをしていると、深みから1匹のコイが浅瀬のこちら側へやってくるのが見えた。キャストしようとした私は、ケビンに「ちょっと待て」と制止され、そのまま水面下をのぞきこんでいると、そのコイは泳ぎ去っていった。なんだい、チャンスを逃しちゃったじゃないか、と不満だった私だが、ほんの1分ほどすると、おなじ魚が戻ってきた。ところが今度は1匹だけではなく、後ろに仲間を従えて泳いでいた。キャストしようとした私だったが、またまたケビンに止められた。そしてその数分後、その「見張り役」の魚が、今度は何十匹もの大軍団を引き連れて浅瀬にやってきたのだ。それ以来、私はコイは会話していると信じるようになった。トラウトたちが、今後もコイのような社会性を持つことのないよう祈っている。―KD

パートⅢ　フライ

62　マッチザドロップ

フライについての章を開始するにあたって、この逸話で幕を開けることがふさわしいとは思えないが、私にとってマッチザハッチといえば、真っ先に思い浮かぶのがリラ・ロウクリフから聞いたこの話で、パズルの回答は意外なところにあるという教訓にしている。

仕事柄、私は数多くの名人フライフィッシャーを知っているが、フライフィッシングに対する情熱でリラ・ロウクリフの右に出る者はいない。あるいは「情熱」というのは控えめすぎる言葉かもしれず、彼女が許してくれるなら「度を超したクレージーさ加減」とでも言い直した方がいいのかもしれない。今どき女性フライフィッシャーはたくさんいるし、クレージーな女性フライフィッシャーだって珍しくはない。しかしその彼女が87歳で現役と聞けば、驚かないわけにはいかないのではないだろうか。

私はこれまで何度もリラと一緒に釣りをしてきたが、彼女より釣れたことは一度もない。もちろん私は全力で釣りをしているし、女性だから、高齢者だからといって、遠慮してはいない。というか、逆にリラの方が遠慮してくれていると思っている。リラはフエゴ島のカウ・タペンで1週間に合計３００kgのシーラン・ブラウンを釣った記録を持っていて、そのときの1匹あたりの平均は６kg~７kgだったという。モンゴルのタイメン、インドのマハシール、ヨーロッパ中のアトランティックサーモンを釣りまくってきた、そんなリラだが、ある年にインドのカウベリー・リバーでマハシールを釣った後、どうにも解けないパズルに直面した。

大きなマハシールを釣り上げて満足した彼女は、次なる標的をカルナティック・カープに移した。ターゲットを変更した初日は散々だった。カルナティック・カープは樹下に集まる習性があるために、居場所を特定することに苦労はしなかった。ライズやボイルもあった。しかしながら、リラがキャストしたフライに魚が食いつくことはなかった。フィッシングガイドも本来はマハシールフィッシングをメインにしているため、新しいターゲットにどんなフライパターンが効果的なのかがわからなかったのだ。翌朝、リラが目を覚ますと、ロッジ脇の川に張り出したガジュマルの木でサルが飛び跳ねていた。「そのとき、1匹のサルがフンを川に落としたのに気づいたの。その直後よ、水面がボイルしたのは」。リサはサルのフンがどんな形状かを知っていたので(どうやら灰色で丸いらしいが)、フライボックスからグレーのマドラーミノーをつまみ上げて、パジャマのまま釣りに出かけ、2投目のキャストで、あっさりと釣りあげたのだった。その日の朝は結局7匹釣ったらしい。というわけで、羽化というよりは、落下の話でこの章を始めることにするが、要は観察がすべてだ、ということである。―KD

63　ＵＶレジンのベタベタ解消法

フライタイイングの世界で、この10数年の間に急速にポピュラーになったのがＵＶレジンで、「バグボンド」という名の商品が発売されて以来、各社からさまざまな種類の製品が発売されている。粘度が弱く、ヘッドセメント代わりに使用できるものから、カラフルなカラーに染まったものまであるが、最近ＵＶレジンを使用している友人から、使用後にベタつくのが難点だという意見を聞いたので、その簡単な解決策を紹介しておく。ＵＶレジンにＵＶを規定時間照射したあと、エタノール（エチルアルコール）を染みこませた綿棒で拭く。それだけのことだ。この一手間で、フライボックスのなかのフライがくっつき合わなくなる。―ＣＨ

64　マイノリティに転落した保守本流

マクリーンの『ア・リバー・ランズ・スルー・イット』に、主人公が自分のフライと弟ポールのフライを比較するシーンがあって、フライフィッシングに対するアプローチのちがいが明確に描かれている。兄である主人公のフィッシングベストは、ありったけのフライが詰め込まれたフライボックスでふくれ上がっていて、一方のポールはといえば、ベストも着ずに、必要最小限のフライを、ハットの周囲に巻かれてあるウールバンドに差しているだけだ。この物語は兄が語り手として、平凡なフライフィッシャーである自分をダシに、弟ポールの名人ぶりを描くという構造になっているが、じつのところ語り手である兄の、ありったけのフライをベストに詰め込む式のアプローチこそが、アメリカのフライフィッシングの伝統そのものなのである。

　長い間、アメリカのフライフィッシングはマッチザハッチを中心に語られてきた。各水生昆虫の羽化過程の、それぞれの形態に合わせたフライをすべて準備するとなると、ベストどころか後ろにトレーラーを引きずりながら釣りをしなくてはならなくなる。それはムリということで、釣る場所と時期を限定することによって、なんとかベストのポケットのなかに収まっているのだが、それでもフライボックスは増殖したがる。ほんとうはフライボックスが格納されたトレーラーを引きずって釣りをしたいというのが、これまでの保守本流派の本音だった。

　しかしながら、このところのフライフィッシングブームでフライフィッシング界の様子が変化しつつある。今、圧倒的にポピュラーなのはインジケーターをつけたニンフフィッシングで、マッチザハッチ派は圧倒的マイノリティに転落している。フライの選択にしても、魚が食べている虫にマッチしているかどうかというよりは、アトラクター的に誘うフライが好まれる傾向が強い。もちろんどちらが正しいということはないし、フライフィッシングにまちがった方法なんて存在しない。釣っている本人が楽しければそれが正解なのだ。

　今でも、私はマッチザハッチを愛する旧来派であることにちがいはないが、昆虫学者的な、厳密かつオタク的なアプローチがフライフィッシングというスポーツの敷居を高くしてきたことは確かで、昨今のインジケーターによるニンフフィッシングを「浮き釣り」とバカにするのは、グッド・オールド・デイズを忘れられない老人の繰り言でしかない。これから先に何が待っているのかはわからない。どこかに予想もしなかったゲームチェンジャーがひっそりと隠れているのかもしれず、油断はできない。—KD

65　白黒はっきりさせようか

モンタナのミズーリ・リバーをガイドするピート・カーディナルは、私の知る限りもっとも優れたフライフィッシャーの一人だが、昔一緒に素晴らしいベイティスのハッチを釣ったときに得たヒントがある。

その日の日中、トラウトたちは正確なキャストと適切なドリフトさえすれば、#18のパラシュートアダムスを疑うことなしに食ってきた。しかし、日が暮れて太陽が傾き始めると、西側の水面がまぶしくて、フライが見えづらくなった。ピートは私に一つのフライを差し出したが、それもそれまでとおなじ#18のアダムスだった。ただしパラシュートポストのカラーがホワイトではなく、ブラックだった。逆光の水面に浮かぶ黒いポストがはっきりと視認できた。それ以降、私は自分が使うパラシュートフライの多くに、逆光用のブラックポストと順光用のホワイトもしくは

蛍光ピンクの2種類を準備するようになった。―KD

66　持つべきは釣友

だいぶ以前のことだが、私は自分のソルトウォーター用のフライを、友人から「バルキーで、カラフルすぎる」と酷評されたことがある。当時、私はバハ・カリフォルニアの東岬の浜辺に群れる小さなベイトフィッシュ「サーディン」をイミテートすることに全力を尽くしていた。サーディンは水面から見ると鮮やかな青緑色をしているので、ブルーのティンセルとグリーンのクラフトファーでその色をまねていたのだ。だから私は友人に反論し、自分のやり方を通した。その結果、貧果がつづいた。悩んだ私は、友人には内緒で少しだけフライを細身にして、カラーを地味にしてみた。釣果が上がり始めた。私はさらに細身にして、カラーはシルバーとホワイトとブラックの組み合わせだけにした。さらに釣果が上がった。

あるとき、例の友人が家に遊びに来て、私のフライを見てまた言った。「バルキーで派手すぎる」。私は言った。「そんなことないさ、これで爆釣してるよ」。私は彼が帰った後、バイスの前に座り、さらにボディのマテリアルを減らして、シルバーティンセルの量も減らした。すると、その次の釣行ではほんとうに爆釣した。釣友は大切にしよう。―CH

67 アンマッチザハッチ

タスマニアでフィッシングガイドをしているダニエル・ハケットに、水生昆虫のハッチが起こっている状況で、老獪《ろうかい》なブラウントラウトをドライフライで狙う際のヒントを教えてもらったことがある。ダニエルはこう言う。

「フライのサイズとカラーを、魚が捕食している虫に、正確に一致させることが重要なことは誰でも知っている。でも、それとおなじくらい、あえて一致させないことが重要な状況があるってことに気づいている釣り人は少ない」

ピュアリストにとっての正義は、トラウトが捕食しているそのものズバリの虫をイミテートしたドライフライを、ナチュラルドリフトで流して、その魚が本物の虫を食べるときのように自然にライズさせて釣り上げることである。そんなピュアリストにとって、ダニエルのヒントは異教徒が唱える悪魔のささやきに聞こえるかもしれない。しかし怖いもの見たさで、大型のブラウンをクライアントに釣らせつづけてきたダニエルの言い分を聞いてみようか。

「具体的に言うと、一つめのコツは、ナチュラルのフライに近いけれども、ほんの少し肉づきがいいフライを使うこと。次はその逆で、弱って今にも死にそうに見えるフライを流すことだ。この二つは矛盾していて、まるでちがったアプローチに聞こえるかもしれないけど、トラウト側の視点から見ると、効率的な捕食という点では、じつはおなじことなんだよ」

ダニエルは、ハッチを「アンマッチ」して、自分のゲームをより高いレベルに引き上げることを語っているのだ。普通のトラウトを釣るのであれば、原理主義的な教義に従いつづけるのもいいだろう。しかしながら、世界中どこに行っても、賢いトラウトは一筋縄ではいかないものだ。ことに、釣り人の多い釣り場では当たりフライとされているパターンが、逆にブレーキになって、貧果を誘導することがある。地元のフライショップのお薦めフライをあえてスルーして、他のアングラーとはちがうコンセプトのユニークなフライ、しかし魚サイドから見ると無視できないフライを使えるようになれば、あなたのドライフライゲームは数ランクアップするだろう。―ＫＤ

68　パラシュートポスト

ミスキャストで木にフライを引っかけてしまったり、魚を釣り上げた際の負荷でパラシュートポストが回転してしまう人はいませんか？　ご自身でも重々承知されている欠点を他人から突っ込まれるのはイヤなことでしょうが、なにしろ念入りなのが『レッドブック』に始まったこのシリーズの伝統なので、あえて言わせていただきます。

大昔にフライタイイングを習った先輩の方々は、奇妙な潔癖さを持っていらっしゃる方が多くて、アドバイスに困ってしまうんですが、フライタイイングにおける瞬間接着剤やＵＶレジンの使用は違法ではありません。カリフォルニア州やコロラド州でマリファナを吸うのとおなじくらい合法です。私の先輩には、タイイングワックスの使用さえタブーにしている人物もいますが、時代は変化するものです。今の時代に、電子レンジを使って調理する主婦を、「この能なしが！」と罵倒する夫がいるでしょうか（私の祖父がそうでした）。

10秒程度の補強作業で、釣り場での「あれっ」がなくなって、スッキリとした気持ちで1日を過ごせるなんて、いい時代だとは思いませんか？　はい、解決方法はおわかりですよね、やらないだけなんですよね。でも、やってください。ポストの根元に、ほんの1滴だけ瞬間接着剤を垂らしてください。それだけです。「重量が増すだろう」って？　さすが先輩、おっしゃることはごもっともです。細かいことを気にするからこそ、フライフィッシャーなんですよね。はい、確かにほんの少しだけ重量は増します。でも、こう言っては失礼ですが、ポストの角度がずれたフライより浮きますし、そもそもバランスの悪いフライは釣れません。いろいろとご不満はおありでしょうが、だまされたと思ってやってください。もうこれで、1匹釣るとくるりと回ってしまうポストとハックルとさよならです。—CH

69　パラシュートハックル

念入りなのがこの本の最大の特徴なので、パラシュートフライの製作方法について、ついでにもう一つだけアドバイスさせてください。パラシュートのポストにハックルを巻きつける作業を苦手にしている方が多いようなので、解決策を紹介しておきます。これまた10秒以内の作業です。

パラシュートポストを取りつけた段階でフックをいったんバイスから外し、時計回りに90度回転させてから、もう一度バイスに取りつけてください。ポストが横向きになりましたよね。これだけです。あとは普通のスタンダードフライを巻くように、ハックルをポストの上から根元に向かって巻いていくだけです（訳注：『フライタイイング・テクニック　ふらい人書房刊』でも、同様の手順が紹介されていて、誰が最初に思いついたかは不明）。―CH

70　モールフライ

フライフィッシングの黎明《れいめい》期に開発されたフライは、すべてが天然素材で巻かれたものだったが、今では多くが化学製品で代用されるようになった。しかし私は、今でもアダムスのボディには天然のモールファー（モグラの毛）を使用している。人工素材を、かすかに青みを帯びたダークグレーに染めることが難しいからだが、アダムスのボディに人工マテリアルを使用しないのは今や少数派だろう(フライショップのボックスに並んでいるアダムスの多くは、オリジナルパターンよりもはるかに薄いグレーのボディで巻かれている)。

モールフライと名づけたこの項で、しかし紹介するのはアダムスではない。ベイティス用の小型フライだ。ベイティスを捕食しているトラウトを釣るには、なによりもフライのサイズマッチが重要で、#18でダメだったら#20、それでもダメだったら#22、そして#24と小さくしていくのが王道である。しかし、どんなに小さくしても、水面に浮いたフライには興味を示さない魚たちがいる。そんなときこそ、このフライの出番だ。シンプルすぎるこのフライに、これまでどれだけ窮地を救ってもらったことか。

　モールフライはチャーリー・クレイブンによって開発された。プロのフライタイヤーにもいろいろなタイプがいるが、チャーリーのフライは常に現実と向き合っていて実戦的なのが特徴で、まさしくこのモールフライはその典型である（訳注：Charlie's Fly show もしくは Charlie Craven Mole Fly で検索すると、クレイブン本人がタイイングしている YouTube 動画がヒットする）。このフライは使用中に、マメにセームクロスで乾燥させて、ＣＤＣ専用のフロータントを使うのが秘訣だ。ベイティスを捕食していることがわかっていて、このフライをキャストしても魚が食いつかなかったら、私はあきらめて次の魚を探すことにしている。それほど信頼しているフライだ。―ＫＤ

71　エルクヘアカディスは不誠実なフライ

フライフィッシャーは、カディスのフライパターンが大好きだ。それはおそらく、私たちが日常的かつ頻繁に釣り場でカディスのハッチを目撃しているからだと思う。コロラド州アーカンソー・リバーの「マザーズデイカディス」、マディソン・リバー、ビッグホール・リバー、ビッグホーン・リバーで見る、川の上に空飛ぶじゅうたんが浮かんだようなカディスの大量ハッチ。カディスは春から秋にかけて間断なくハッチしつづけ、世界中のトラウトに捕食されつづける。北はアラスカの北極圏サグ・リバーから、南はチリのエルチョ・リバーまで、カディスは地球上のいたるところに生息しているのだ。

　ところが、あるとき、トム・ローゼンバウアーと釣れるフライパターンについて対談した際、彼は、「エルクヘアカディスは、フライフィッシング史上、もっとも不誠実なフライだ」と言って私を驚かせた。「えー、どうして?」と首をひねる私に、トムは次のように語った。

「カディスの成虫が水面でトラウトに捕食されている確率は、じつはかなり低いんだよ。羽化している膨大な個体数を考えると、その確率は限りなくゼロに近いと言ってもいいかもしれない。これは科学的な事実なんだ。古き良きエルクヘアカディスは、確かに定番のトラウトキラーフライだし、発案者のアル・スローが偉大なインベンターであることは認める。ただ、多くのフライフィッシャーが考えているように、あのフライがカディスのハッチマッチ用のパターンであるはずはないんだ。釣り人がそう思いたいだけの話で、エルクヘアカディスは、ほぼ完璧にアトラクターフライだと思う」

　私はイエローストーン国立公園のファイヤーホール・リバーに生息しているカディス、ホワイトミラー（Nectopsyche）を例にだして反論した。ファイヤーホール・リバーでは、水面をスキッタリングするホワイトミラーのアダルトを、トラウトが捕食する姿を頻繁に目にするからだ。

「あれは、あまりに釣り人が多すぎるから、スレきったトラウトが確実に本物だとわかる個体だけを狙っているんだ。じっさい、ホワイトミラーのアダルトを浮かべても食ってこないだろう?」

　トムの言うとおりだった。ホワイトミラーへのライズは、明らかに動きに反応したもので、激しいライズながらも、その魚を釣るのは難しい。悔しいけれども、40年以上オービスで働き、現在アメリカでもっとも知られているフライフィッシャーの一人であるトムの言葉には重みがあった。

　それからしばらく経った年の、ある12月の午後、アルゼンチンのパタゴニア地方北部にあるチメフイン・リバーで、私はトムが語ったことを実感することになった。私の周囲には無数のカディスが舞い飛んでいて、水面にはライズがあった。私のエルクヘアカディスはうまく機能しているように見えた。釣れつづけたが、しかし一向に魚のサイズが上がってこない。トムの言葉を思いだした私が、フライを水面下に留まるイマージングパターンに切り替えた途端に、大きなトラウトが釣れるようになった。欲をだした私は、クリップルをリードフライにし、その2ftほど下にウェイトのないカディスピューパをトレーラーにして、さらに大きな魚を釣った。

　アトラクターフライを使っていると、小型のトラウトや放流ものは釣れるが、ワイルドで、大きい魚は釣れないという状況に陥ることがある。このときはまさしくそのケースだった。大きく賢くなればなるほどトラウトはリスクを避け、かつムダな動きを避けるようになる。ただでさえ天敵から狙われやすい水面まで泳いでいって、いつ飛び立ってしまうかわからないアダルトを狙うよりも、水面下に留まっている状態の個体を捕食する方が安全かつ楽なのだ。そのためのベストポジションを確保しているのがそのポイントの主であり、リスクを背負って水面のフライにライズしないと生きていけないのが、小型のトラウトたちなのである。

トムは、カディスの羽化時にはダウンウイングの典型的なアダルトパターンを避けて、クリップルなどのイマージングパターンで表層を釣るか、カディスピューパを沈めるか、あるいは産卵に水中に戻るメスを演出してソフトハックルフライをスイングさせる方がはるかに効果的だとアドバイスする。

フライフィッシング業界に長い間、身を置いてきたトムが言うところの「不誠実」の真意は、カディスのアダルトパターンが、トラウトではなく、多くのフライフィッシャーを欺いてきたことへの反省なのかもしれない。—ＣＨ

72　切っても切れない関係

数あるフライタイイングツールのなかで、ボビンの次に出番が多いのがシザースである。そこで質問だ。あなたはシザースのメンテナンスをしているだろうか？　私が見聞きしてきた範囲では、半数のタイヤーは定期的に研ぎにだすか、自身で研いでいるが、残りの半数はメンテナンスをしていない。ノーメンテ派は、ステンレスを研いでも意味がないだろうという意見で、刃が鈍ってきたら、その時点で新調するというが、私は定期的に包丁研ぎ職人に依頼している。わずか数ドルのコストでちがいは明確だ。切れ味の悪い刃物で良い仕事はできない。

また、シザースは可能な限り使用する素材を限定して、複数を使い分けるのが理想だ。ハックルをカットしたシザースでワイヤーをカットするタイヤーは少なくないが、シザースの刃は金属をカットすればするほど劣化する。昔のタイイング教本には、「1度手にしたシザースは、その日のタイイングを終えるまで指から放してはならない」といった、まるで「他家へ嫁いだからには、2度と実家の敷居はまたいではならない」のような精神論的な記述さえあった。つまりタイイングにはスムーズさやリズムやタイミングが重要で、余計な動きをすべきではないということらしかったが、じっさいワイヤーをカットするためだけにシザースを持ち換えるというのは面倒ではあるし、ベストな方法でないことは確かだ。

そこで私が採用しているのは、シザースの先端側でハックルや天然素材をカットし、根元側でワイヤーなどの硬めのマテリアルをカットするという、簡易両刀遣いだ。そして3カ月に一度はメンテナンスを依頼している。シザースの切れ味とフライの美しさは比例する。これが私の持論だ。―CH

73 ペレットフライ

現在、フライフィッシング界には2種類の「ペレット」フライが存在していて、マッチザハッチの世界で生きてきた人々にはどちらも遠い存在だろうが、新しい発想や手法を拒絶しつづけていると、いつの日かフライ界の浦島太郎になってしまう。自分の方法として取り入れるかどうかは別にして、知っておいてもソンはないだろう。

まず、第一のペレットフライは、そのものズバリ、養魚場のエサの色と形状をしたフライである。養魚場から放流されたトラウトを、手っ取り早く釣り上げるためにはもっとも効率の良いフライである。放流魚のいない釣り場で効果があるのかどうかはわからない。使うか使わないかは、あなたのフライフィッシングのコンセプト次第だ。私は死ぬまで使わないと思う。

2番目のペレットフライは、一般にはペディゴンフライと呼ばれているフライで、ヨーロッパのフライフィッシング競技会で使用され、実績が評価されてからというもの、人気が高まっている。ペディゴンとはスペイン語におけるペレットのことで、ここではショットガンの銃弾という意味合いで使われる。つまり実弾というわけだ。フライフィッシングの競技会はヨーロッパで盛んだが、いわゆるチェコニンフ（ユーロニンフ）スタイルのフライフィッシングが主流で、近年の主流がこのペディゴンフライなのである。

ＵＶレジンでフライ全体を固めたビーズヘッドニンフだが、底を取ることが多い釣法だけにキール状態で流せるように、アイがビーズの上部についているパターンもある。カラーリングは地味なものから派手なものまでさまざまだが、共通しているのはヘッドにビーズがついていて、ボディ全体がＵＶレジンで覆われた流線型をしていることだ。つまり余分な突起物を排除して、するりと底に落としたいから、こういう形状になっている。ウーン、否定はしないが、私は少なくとも人と競争するためにフライフィッシングをしているわけではないので、今のところ興味はない。——ＣＨ

74　フライフィッシングの定義

先日、フライフィッシングを始めて3年くらい経った釣り人と話す機会があった。最近、自分が通っているホームリバーで、モノフィラのランニングラインにリーダーを直結し、巨大なウェイトを取りつけて、ドボーンと急流に投げ込んでいる釣り人を目撃したそうで、しかしながら道具立てはフライフィッシングだったそうだ。彼は「あんなのフライフィッシングじゃない」と憤慨して、どうやら私に同意を求めているようだった。

フライフィッシングは自然を相手にした、きわめて地平の広いスポーツだから、人それぞれに楽しみ方がちがう。丸1日かけてハイクしないと到達できない山上湖で、フライを見たことのない無垢なカットスロートを釣るのが好きな人もいれば、すれっからしのトラウトばかりがいる人気河川で腕試しをしたい人もいるし、ソルトウォーター・フリークもいるし、湖のスペシャリストもいる。当然、それぞれの状況に必要とされる道具をそろえたり、技術を習得しないと、魚を釣り上げることは難しい。

そんな千差万別の楽しみ方、道具立て、釣り方がありながらも、フライフィッシングであるからにはなくてはならない共通項があって、それがフライだ。逆に言えば、ティペットの先端にフライが結ばれていさえすれば、それはフライフィッシングなのだ。人は自分がやっていることを正しいと思いたがる。自分が正しいと思うためにもっとも手っ取り早いのがまちがった人を探すことで、自己肯定のために他者否定をする。釣りというのは承認欲求の強いゲームで、やはりそのルーツが食糧確保という生物の生存に深く関わる本能にあるからだろう。

「で、君はどんなスタイルのフライフィッシングをしているんだい？」。そう聞いた私に、彼は念の入った回答をしたが、要は最近主流の、玉ウキ式インジケーター&ニンフフィッシングだった。

「私がフライフィッシングを始めた頃は、インジケーターをつけると、それはフライフィッシングではないとされていた。モノフィラに巨大ウェイトで釣る釣り人もフライフィッシャーだし、マッチザハッチにこだわったピュアリストもおなじフライフィッシャーだよ。定義自体に意味はないとしても、フライで釣るからフライフィッシングなんだ」

そんな私の答えに、彼は両手を広げて「オーケー」と言ったが、どうやら納得はしていないようだった。—KD

75　ピーコックハールの誘惑

変異による自然淘汰で種が進化していくことを、『種の起源』で解き明かしたはずのチャールズ・ダーウィンだったが、自説ではどうにも説明がつかない種がいて、親しい友人への手紙に「クジャクの羽を見ると頭が痛くなる」と記したことは、よく知られた逸話だ。

クジャクはオスだけが大きく扇状に広がる華美な羽根を持っているが、ダーウィンにはなぜ、それがオスなのかの説明がつかなかった。男性も化粧をする今の時代とはちがって、ビクトリア朝に生きるダーウィンには、オスがメスに美しく着飾った性的なアピールをするという事実は、常識と想像を超えたことだったのだ。ダーウィンはその後の研究で、メスは華麗なオスを好むという事実を「性淘汰《とうた》」という別の視点から見つめ直し、この問題を解明することに成功したが、ビクトリア朝の男性社会に、その驚愕《きょうがく》の事実が受け入れられるまでには時間がかかった。

それはわかった。メスのクジャクが美しく輝くゴージャスなオスの羽根を好むのは、美しく強い子孫を残したいからだ。さすが、ダーウィンさん！　で、ついでに聞くけど、

「じゃあ、なんでトラウトはピーコックハールが好きなの？」

神様がうっかりまちがえてサケ科の魚類にクジャクの遺伝子を紛れ込ませてしまったとしか思えないほど、トラウトはピーコックハールが好きだ。私の釣友にミック・マコークルという元生物学オタクがいて、ピーコックハールを超高倍率の顕微鏡を使って調べたところ、どんなに倍率を高くしても虹色の輝きは残ったままだったそうだ。つまり光線の加減で毛並みを虹色に見せているのではなく、そもそもの素材自体が虹色なのだ。ほとんどの魚の網膜には桿体《かんたい》細胞と錐体《すいたい》細胞の両方があり（暗視用と明視用の両方）、目には球面レンズがある。多くの魚は紫外線にも敏感だ。以上のような科学的な事実はわかったとしても、なおなぜトラウトがその輝きを好むのかは不明なままである。水生昆虫が羽化時に体表にためるガスがきらめきとなって、トラウトに捕食サインを送るという事実を解明したのはフライフィッシャーなのだから、この謎も解けるはずだ。濡れたピーコックハールは、私の目には黒々とした毛羽立ちにしか見えず、なにがトラウトにアピールしているのか、どうにも理解ができない。現代のダーウィンさん、どこかにいたら教えてください。―CH

76　ビーズの役割

ビーズヘッドフライの起源は、北イタリア、ドイツ、日本と諸説あるが、ビーズが金色だったという点は共通している。だからゴールドに限るという釣り人もいるし、あれは水生昆虫が蓄えるバブルだから、シルバーが正解だという釣り人もいるし、ゴールドもシルバーも目立ちすぎで、黒が自然だという釣り人もいる。だからフライショップは全種類を用意しているし、なんならレッドもピンクもブルーもある。

今のところ、ビーズのカラーによって釣果にちがいがでるという科学的データはない。そもそも釣りというのは、その日の天候や水色や魚の機嫌に左右されるために、こういった魚の嗜好性を科学的に検証することが難しいのだ。だから、私はビーズのカラーにはこだわらないようにしている。私自身の好みを言えば、ブラックだ。というのは、私はビーズを目立たせるために使用しているわけではないからである。あくまでもフライを早く沈下させる方法として、タングステンなどのビーズを使用している。だからピカピカのビーズはしばらく外に放置しておいて、輝きがなくなったころにフックに巻き留める。『レッドブック』で執拗に繰り返したように、ニンフフィッシングにおいてはフライパターンの選択よりも深度の選定が重要で、多くの場合、「もっと深く」、「もっと重く」が要諦《ようてい》なのである。――KD

77　シャック・フライ

夕暮れに、運良くブラウンドレイク、ヘックスなどの大型メイフライのスーパーハッチに遭遇し、コンスタントにライズしているのになにを投げても食わないという状況を経験したことはないだろうか？　これは人気釣り場特有の現象で（たとえばヘンリーズ・フォーク）、トラウトたちはどれだけ精巧に巻かれたダンパターンであっても完全に見切っていて、よほどのことがない限り口をつけない。そんなときにはダンパターンに見切りをつけて、シャックパターンを使ってみよう。ニンフの抜け殻を模したフローティングニンフである。シャックに栄養があるとは思えないが、せっかくのまとまった羽化を目のあたりにしながら、川岸に並んだ釣り人を横目で見て、口がさびしいトラウトは仕方なくシャックをつまみ食いする。そんなシャックフライでもダメなら、最後の手段でシャックボールという手もある。これはミッジのクラスターと同様に、大型メイフライのシャックが寄せ集まって肉団子状になった形状と考えていい。ミッジクラスターが#10のグリフィスナットで代用できるように、精密さよりも曖昧さと大きさと色を合わせたパターンを準備して、ヘンリーズ・フォークのイブニングライズに臨もう。—KD

78　フライの男女格差

これまで多くの男女カップルと一緒に釣りをしてきたが、よほどの実力差がない限り、女性の方がよく釣れる。このことは『レッドブック』にも書いたが、米国中のフィッシングガイドの意見を総合すると、女性の方が「追求しすぎない」、「細かいことにこだわらない」、「人の意見を素直に聞く」からよく釣れるということらしい。『レッドブック』には、そんな事実を淡々と記したが、正直なところ女性の方が釣れている場に居合わせると困惑しないわけにはいかない。この章はフライがテーマだから、フライに限った話をすると、多くの女性は使うフライにこだわらないのだ。

今、この本を読んでいる男性フライフィッシャーに問いたい。もし、あなたの釣友が「オレはフライにこだわらないんだ」と言ったなら、なんと返すだろうか？　私だったら、こう言うだろう。

「あのさ、フライにこだわらないで、なんのためにフライフィッシングやってるんだい？」

私の言いたいことはわかってもらえると思う。つまりこだわるためにフライフィッシングをやっているわけで、こだわるのは、問いに対して明確な回答がほしいからだ。

しかし、どうやら女性はちがうらしい。私が見てきた限りでは、女性のフライ選択に自身のこだわりがあることは少ない。男性フライフィッシャーとの際だった差は、自分が選んだフライが食われなかったときに一緒に釣っている仲間の意見を聞いて、次に結ぶべきフライを決めることが多いことだ。そしてその結果がうまくいくことが多い。そして釣れたときには、友人と手を取り合って喜ぶ。一人で考えるよりも、二人で考えた方がうまくいくのが世の中の常識なのだ。そして1匹釣れると、二人で喜ぶことができる。この女性たちの合理性に比べると、男性の釣り人の意固地さはバカバカしいほど不合理で、女性の方が釣れて当たり前なのだ。

さらに驚くべきは、目の前のハッチを無視する女性が珍しくないことである。グリーンドレイクの羽化中、カットスロートが明らかに水面に浮かんだダンを捕食しているのに、なぜかフライイングアントを使って大物を釣り上げるのである。ビギナーではなく、ベテランの女性フライフィッシャーが、である。これはもう、科学や理屈を優先してフライ選択をする男性とはまったく別な、釣りに向いている判断能力が備わっているとしか考えようがない。―ＫＤ

79　私の1ダース

10年前、『レッドブック』のなかで、10種類の定番フライパターンを紹介した。もちろん、今でもそれらのパターンは現役だが、10年という年月と、１００万マイル以上の旅が、私を少しだけ成長させた。最新のスタメンフライ（今回は1ダース）は以下のとおりだ（訳注：英語の名称を付記しておいたので、タイイングの動画などをチェックする際に利用してください）。

1　チャーリー・クレイブンのモールフライ（Charlie Craven's Mole Fly ）　＃18
2　パット・ドーシーのマーキュリー　ＲＳ２ (Pat Dorsey's Mercury RS2)　＃20
3　ジャック・デニスのエイミーズ・アント (Jack Dennis's Amy's Ant)　＃12
4　ジョン・バーのビーズヘッド・カッパージョン (John Barr's Beadhead Copper John)　＃16
5　ティム・ヘンのオータム・スプレンダー・ストリーマー（Tim Heng's Autumn Splendor Streamer）　＃8

6 パラシュートアダムス（Parachute Adams） #14

7 タングステンビーズ・ソフトハックル・フェザントテールニンフ（Tungsten bead, soft-hackle Pheasant Tail nymph） #14、または#16

8 ドン・ピューターボー・カディス（Don Puterbaugh's Caddis） #14

9 マイク・マーサーのミッシングリンク・カディス（Mike Mercer's Missing Link Caddis） #16

10 デイブ・ウィットロックのウィッツ・ホッパー（Dave Whitlock's Whit's Hopper） #10

11 ジェイ・ジマーマンのバックスタバー（Jay Zimmerman's Backstabber） #8（世界最高のコイ用フライだが、大きなザリガニを食べるブラウンにはなぜかあまり人気がない）

12 ゴールドリブド・ヘアーズイヤー（Gold-Ribbed Hare's Ear） #14

これら1ダースのパターンをフライボックスに入れておけば、どんな季節でもどんな場所でも釣りになる。―KD

80　フライを大切に

1本のフライを巻くために必要な時間は、パターンによってちがうだろう。5分以内で巻けるフライもあれば、10分以上かかるフライもある。けれども失くすときは一瞬だ。木に引っかけたり、底石に引っかけたり、ときにビギナーにとっての釣り場は魚を釣る場所ではなく、フライを失くす場所と化す。フライを失くすと、ティペットの継ぎ足しなどに時間を取られ、釣る時間が少なくなる。ビギナーが釣れないのは、スキル不足もさることながら、フライが水面もしくは水中にある時間が短いからだ。常にバックを確認しながらキャストする癖を身につけるようにしよう。

とはいうものの、ベテランもときにはフライを引っかける。で、最近フライショップで便利なものを見つけた。木や岩に引っかけたフライを回収するための伸縮式のポールで、引っかかったフライを外すためのフックが先端についている。これ、オススメです。―CH

81　タイイングにクリッパー？

クリッパーを釣り場での道具だと思っている人は多いが、だまされたと思って新しいクリッパーをタイイング用に購入してほしい。パラシュートポストに取りつけたハックルの余ったストーク、アイ付近にほんの少しだけ飛び出ているハックルの切れ端など、シザースのブレードの厚みが邪魔になって処理できない突起を根元からカットできる。ブラッドノットの余った側を処理するときに、ハサミよりクリッパーの方が根元までカットできるのとおなじ原理だ。―ＣＨ

82　目には目を

ボリビアのジャングルで初めてドラドを釣った２００８年以来、私は大半のストリーマーパターンにダンベルアイをつけている。小さなウーリーバッガーに極小のダンベルアイをつけることさえある。目を描くなら、サウロンの目のような恐ろしい目ではなく、パニックになって、お願いだから私を食べないで！　と訴えている目がいい。あるいは目の模様は関係ないのかもしれない。沈めるフライはしっかり沈めるという原則どおり、おそらくは重さの要素が重要なのだろう。しかし、私は目が捕食魚を引きつけていると信じてもいる。―ＫＤ

83　ＧＳＰスレッドの功罪

近年、フライタイイングの世界では新素材スレッドの人気が高まっている。いわゆるＧＳＰスレッドで、従来のナイロンやポリエステルとは比較にならないほどの強度がある。鉄よりも強いというのはおおげさな宣伝文句ではなく、12／0のスレッドを両手で引っ張っても切ることはできない（たぶん、引っ張っている指が切れる）。1、2年で劣化してしまう従来の素材に比べて経済的だし、小さなフライをより細いスレッドで巻くことができるのも大きな強みだ。

もちろん強度とのトレードオフによるネガティブ要素もある。伸びないし、滑ることが使い勝手の悪さにつながる。これまで手元に感じてきた微妙な伸縮感が失われるという理由で、導入を避けるプロタイヤーも少なくない。またディアヘアなど、柔らかい天然中空マテリアルを巻き留めるときに強い力を加えると、スレッドがカッターになって素材を切断することになるから注意が必要だ。それを防ぐためには、ボビンを逆時計回りに回転させてスレッドのよりを解き、フラットにしてから巻き留めるといい。どちらを使うも釣り人次第だが、ナイロンやポリエステルよりも劣化、腐食しにくいため、失くしたフライが一つ一つ地球環境に悪影響を与えるのは、フロロカーボンのティペットと同様だ。—CH

84　狭き門

釣り場でまとまったハッチに遭遇し、静かだった水面がライズで賑やかになると、どんな釣り人でも興奮するものだ。その日のペンズ・クリークは朝から日差しが強すぎたせいか、日中、魚は水底近くで昼寝していたらしく、魚の気配がなく、ゲームはイブニングに持ち越された。

西側の山で日が陰り始めたタイミングでグリーンドレイクが飛び始め、すぐにサルファーがつづき、文字どおりあっという間に、私は2種類のメイフライのハッチの只中に置かれた。驚くべきはライズの数だった。ライズリングのない1㎡の水面を見つけることができないほどだったのだ。まるでフライフィッシングの神様が「今日一日、暑いのによくがんばったな。ごほうびに、めくるめくイブニングライズを楽しみたまえ」と言っているようだった。

私はほとんど迷わずにグリーンドレイクのダンを結び、手近のライズに向かってキャストした。特定のライズを狙うことができないほどのライズの数だったのだ。正直なところ、一発で食うと思っていた。しかし水面は沈黙した。イヤな予感がした。おなじ辺りに数投したが、魚は反応しなかった。というか、フライが浮いている水面だけライズがないという状態になった。私は気を取り直し、こういうときこそ落ち着こうと自分に言い聞かせて、水面の様子を観察した。私の目の前で羽化したグリーンドレイクが、たちまちトラウトに飲み込まれた。私は、自分を勇気づけて、グリーンドレイクのダンをキャストしつづけた。しかし反応は変わらなかった。私はやむを得ず、フライをサルファーダンに換えてキャストした。なにも起こらない。私は目の前に広がるライズの雨を見渡して、神様が与えてくれたのはプレゼントではなく、毎度ながらの修行であることを知ってため息をついた。

私はフライボックスを開け、グリーンドレイクとサルファーに近いフライをダンだけではなく、クリップル、イマージャー、さらにはニンフへと換えていったが、魚は1匹も反応しなかった。

ハッチとライズが減ってきて、日没終了のカウントダウンが始まった。私のフライボックスには、もうそれらしいフライは一つも残っていなかった。そのとき、フライボックスの片隅に、いつかどこかで誰かにもらったロイヤルコーチマンが隠れているのを見つけた。針先はさびついてさえいた。しかし、私はなにかに導かれるように、そのロイヤルコーチマンをティペットに結びつけたのだ。1キャスト目で大きな魚が食いつき、それから暗くなるまで入れ食いになった。帰路の車のなかで、私は帰ったら久しぶりにロイヤルコーチマンを巻こうと思った。やはりスタンダードフライには魔力があるのだ。

明らかに捕食されている虫を模したパターンが無視される場合、その理由は釣り人の多さに起因していることが多い。人気釣り場でのフライセレクトは、あえて逆張りをすることが、成果への道となることもあるのを知ったイブニングだった。――ＫＤ

85　斜に構える

これはフライタイイングを始めて間もない人へのアドバイスなので、ベテランの皆さんは読み飛ばしてほしいが、タイイングの基本が、斜めにカットすることだと覚えておいてほしい。ディアヘアやエルクヘアをフックシャンクに結び留める際には、斜めにカットすることでボディのテーパーのベースを作りあげることができるし、ラバーやフォームも結び留める先端部分をあらかじめ斜めにカットしておくことで、段差なく結びとめることができる（『レッドブック』は、どちらかというと経験の浅いフライフィッシャーをターゲットにしていたために、フライタイイングについては意図的に一切触れなかった。この本は多少の経験を積んだ釣り人を意識して編集したが、タイイングについては多少の基本的なコツを載せていることを許してほしい）。―CH

86　ビッグフィッシュ、ビッグベイト？

大物が大きなフライを好むことは確かだ。大きな体を維持するためにはそれなりの食事をしなくてはならない。1回の捕食で、極力多くの栄養を取り入れたいわけだ。

魚が自発的に、お腹が空いたからそろそろ食事にしようかと思うことがあるのかどうかはわからないが、ハッチや流下の有無にかかわらず、日中、大きなフライを流していると、ドーン！と大物が飛びだしてくることがある。魚がいつでもリスクと報酬を天秤にかけていることはまちがいないが、大きな捕食物を見ると本能的に飛びだしてしまうのだろう。そういった意味で、ハッチや流下がない時間帯はかならずしも水辺で見かける虫にフライをマッチさせる必要はない。魚が無視できないほどジューシーで魅力的なフライで大物を誘ってみる良いチャンスだ。―KD

87　バーゲンマテリアル

バックテールを、ディアヘアやエルクヘアのパッチ同様、1種類のマテリアルと思っている人が多いかもしれないが、それは明らかにまちがった認識だ。

バックテールの先端に近い毛は長く、透明感があり、柔らかい。クラウザーやデシーバーなど、比較的大きめのストリーマーのウイングに適している。根元の毛はフックシャンクに結びつけると、ディアヘアのようにフレアする。従って、マドラーなどのスピンヘアーパターンに向いている。中間の毛はスティミュレーターなどの中型のドライフライのダウンウイング用。というように、バックテールは3種類のマテリアルを1本に詰めこんだ、お得な汎用マテリアルなのである。

—CH

88　準備に始まり、準備に終わる

サーモンフライのドレッシングなどいくつかの例外はあるものの、フライタイイングはアートではない。確かに、新しいフライパターンの考案、巻き方の工夫など、フライタイイングというジャンルにはクリエイティブな要素が満載だ。しかしながら、フライを巻くという行為自体は純粋な単純作業である。産業革命以降、世の中のすべての作業は効率と平準化を目指すことになった。もしもフライが、伝統工芸品のような一点ものなら話はちがうが、1種類のフライを1個だけ巻いて終わりというフライフィッシャーを私は知らない。複数本製作することが基本である以上、手順が重要な要素となってくる。昔から段取り八分といわれるように、フライタイイングも製作過程よりも、その準備に手間暇をかけることが、結果的に効率的な作業となる。

フライタイイングにおける準備の要は、マテリアルの下処理にある。なかでも重要なのがハックルの選別だ。アダムスを1本巻くたびにグリズリーとブラウンのストークをハックルケープから抜き取っていると、最初に巻いたフライと5本目のフライのサイズが変わってきてしまうものだ。また、適当なサイズがないかどうかとケープをあさっているうちに、タイイングのリズムも集中力も切れてきてしまい、作業自体が楽しくなくなってくる。

手元にハックルゲージを置いて、ハックルの下準備だけをして、フライを巻かない日を作ってみることから始めてみよう。―CH

89　不足しているタイイングツール

ダビングしたボディを毛羽立たせるために、ダビングブラシがある。ダビングブラシの多くは試験管ブラシ、もしくは歯ブラシの形状をしている。しかしながら、#16のヘアズイヤーのソラックスからガードへアやシールズファーなどを引っ張り出すためには大きすぎる。アリの歯を磨くのにカバ用の歯ブラシを使っているような、バカげた気分になってしまう。じゃあ、ダビングニードルを使えばいいじゃないかと言うだろうが、今度は小さすぎて効率が悪すぎる。ペンの先に金属のブラシがついているような製品があって、これは使い勝手がいい。ただ、もう少しブラシ状の金属を細くしてほしい。というか、ペン先の金属の細さを調節できる（つけ替えられるような仕掛けの）「ダビングペン」を作ってくれるメーカーはないだろうか。—CH

90　ストリーマーはミニマルで

昨今、ファッション業界では極度にスリムなモデルを使った広告が敬遠される社会傾向があるが、フライ業界においては、やせぎすストリーマーは大歓迎だ。というのも、グラマラスなストリーマーは三悪を有していて、魚への宣伝効果が期待できないからである。

① 水に濡れると重量が増し、キャストしにくくなる。
② 水を含んで空中では重くなっても、逆に水中では肥満体が邪魔をして沈下速度が遅い。
③ 水中での動きが鈍い。

というわけで、バイス上でスタイル抜群に見えているストリーマーは、現場では往々にして太りすぎなので、室内でのグラマラスなボディにだまされないようにしよう。—CH

91 ベーンキ博士のカラーに関するアドバイス

私が『トラウト』誌の編集長に就任したとき、ロバート・ベーンキ博士（故人）の研究内容を伝えるコラムが人気で、私は前任者からその連載を引き継いだ。コロラド州立大学を拠点としたベーンキ博士の研究成果は、トラウトに関する生物学的な情報の宝庫といってよく、彼の人生の最後の数年間、そのコラムを担当できたことは幸運だった。

連載中のインタビューで、もっとも興味深かったのは、トラウトが色を認識しているという博士の話だった。波長の長いレッドやオレンジよりも、波長の短いブルーやパープルへの反応が顕著だという。

残念ながら、捕食している水中の水生昆虫と色マッチさせることが、どのくらい重要な要素となり得る（大きさやシルエットと比較して）のかは不明だった。科学がこの問題に決着をつけるまで、フライフィッシャーはこれまで長い間信じてきたように、大きさとシルエット同様に、カラーを考慮しながらフライを選択するしかないようである。—KD

92　食性の神秘

地球上には無数の川があり、湖があり、海があり、そこには無数のトラウトが泳いでいる。釣り場にはそれぞれの生息環境があるから、魚たちの食性のバラエティは無限にあるといっていい。かなり昔の話になるが、私は友人から、隣接した川でありながら、一方はドライフライでバンバン釣れるのに、もう一方はニンフでないと釣れない、という釣り場の話を聞いた。正直なところ「釣り方が悪いからだ」と思って、自分で確かめに行った。

ドライフライの川は、アダムスで次から次へと釣れてきた。そしてビーズヘッドへアーズイヤーに換えると、途端に食わなくなった。まあ、ここまでは友人の話どおりだし、想定どおりだ。釣り場ではカディスの飛翔が目立っていた。カディスピューパ系のフライを沈めれば釣れると思っていた私だったが、フライパッチにニンフやピューパパターンがたまるばかりで1匹も釣れなかった。私は地合という要素もあるだろうから、と念のためにアダムスにつけ替え、生まれて初めて、「お願いだから、釣れないでくれ」と祈りながら、キャストすると一発ででた。

私は川を上がり、車で20分の距離にある隣の川へ向かった。そこでは、まったく逆のことが起きた。今度は魚はしっかりとライズしていた。ＰＭＤ（ペールモーニングダン）のスピナーが目立っていたし、ライズも水面にゆっくりと輪を広げるだけの静かなものだったから、ラスティスピナーでいただきだと、かなり自信を持ってキャストした。しかし魚はそれから私がキャストするすべてのドライフライとイマージャーを無視した。そして前の川と逆に、ビーズヘッドニンフにつけ替えると、3投めで出た。

この二つの川はどちらも支流ではなく、単独河川だ。地形的に似た土地を流れていて、長さもおなじくらいである。いまだにこの対照的な隣接河川の謎は解けていない。―KD

93　老眼のミッジフィッシング

ドライフライフィッシングは目で釣っていると言い換えてもいいくらい、視力に依存した釣法だ。けれども人間誰しも年を取る。若い頃には見えていたものが見えなくなる。友人と釣っていて、魚がフライにでたのに、それが見えずに「でたよ！」と声をかけられる年頃になったら、以下の方法を試してみよう。

ニンフにドロッパーを使うように、ドライフライをダブルで釣るシステムだ。リールに近い側にポイントフライとして#14程度のアダムス、ティペットの先端にミッジ、もしくはクラスターミッジパターンを結ぶという単純な方法だ。ただしドラッグがかかりやすいから、要注意。

ドライフライフィッシングは#24から#6程度のフライをおなじシステムで、おなじように目で見て釣る方法だが、そもそも8m先の#6と#24をおなじ方法、おなじシステムで、しかも日々

老いていく目を頼りに釣ろうとすること自体に無理がある。年齢とともに釣り方を変えていくという工夫も必要だ。―CH

94　沈黙は金なり

フラットで警戒心の強いボーンフィッシュやパーミットを狙っているときに注意しなくてはならないことの一つに、フライの着水音がある。ウェイトが立てる「ポチャン」という音は、たとえキャストそのものが完璧だったとしても、すべてをご破算にしてしまうのだ。水深が浅ければ浅いほど水しぶきをあげず、音を立てないようなキャストを心がけなくてはならない。水深が深ければより多くのウェイトが必要になるが、水面が立てる音への警戒心は低くなるため問題はない。

フラットでの釣りも、川のニンフフィッシング同様、深度が重要な要素となる。私は通常、せいぜい10種類程度のフライパターン（通常は小エビとカニのイミテーションのミックス）しか使わないが、重いダンベルアイからノーウェイトまで、それぞれのパターンを重さ別に3～4種類ずつ持っている。―KD

95 カープフライ

コイは環境によって大きく食性を変化させることが知られている。たとえばワシントンＤＣ周辺のクリークや運河では、木から落ちたベリーを食べるビーガンになるが、ミシガン湖のビーバー島などでは、ハゼのような小魚を狙う肉食魚となる。従って、その土地土地でコイが食しているものを特定することがコイ釣りの秘訣となるが、もし情報がない場合は、ゴッチャ、ピンクパフ、クレイジーチャーリーなどのボーンフィッシュ用の定番フライを使ってみることをお勧めする。意外に思うかもしれない。しかし効果があることは確かだ。使い方もフラットとおなじで、水深によってウェイトを変えること。そしてキャストの際の「ポチャン」という音は、浅瀬では厳禁である。―ＫＤ

96 ベスト・カープフライは？ と問われたならば……

じつは、私が今まででもっとも多くのコイをランディングしたフライは、ラバーレッグつきのサイズ#12か#14の、ビーズヘッドへアーズイヤーである。決め手は小さく、かつスローなリトリーブだ。―ＫＤ

97 小は大を兼ねる

ソルト・フライフィッシャーは、フライをできるだけジューシーに、つまり肉厚に見せようとする傾向がある。たとえばパーミットには筋張った小エビのようなものよりも、もさもさした大きなカニのほうが効果的と思い込んでいるフシがある。トラウトフィッシングを思いだせばわかることだが、魚がスプーキーなときにはサイズダウンすることが重要だ。パーミットは常にスプーキーなので、サイズが小さく、着水音が少ないフライが有利だ。じっさい、私がこれまでに釣ったパーミットの大半は小ぶりのシュリンプパターンで釣りあげた。トラウト用のフェザントテールから、ボーンフィッシュやパーミット用のシュリンプパターンまで、私は「小は大を兼ねる」と固く信じつづけている。—KD

98 かめばかむほど味がでる

フライボックスに巻いたばかりのピカピカのフライが詰まっていると、気持ちが豊かになる。一方で、使い古しのフライは、ぱっと見には未使用フライに見劣りする。二つ並べて魚に見せたら、きっと新しい方を選ぶだろうという気になるが、ことウィッツ・ホッパーに関していえば、逆だ。

何回もトラウトの歯にかじられてボロボロになったフライは、かえって水になじんで本物に似てくる。古着とホッパーは大切に使おう。—KD

99　知恵の拝借

各地域のフィッシングガイドは、それぞれの流域にマッチするフライのキラーパターンを持っている。ローカルの魚たちの食性にマッチしたフライというのは、明らかに効果がちがう。それは数々のフィッシングガイドとともに釣りをしてきた、私の経験からいってまちがいのない事実だ。とはいうものの、ローカルフライは多くの場合、他の地域での流用が効く。私たちがスタンダードと呼んでいるフライにしても、本を正せば、どこか特定の地域の魚をターゲットに開発されたものが、その汎用性が知られることで多くのフライフィッシャーのフライボックスに収まることになったわけだ。そして悲しいことにはスタンダードフライには一つの宿命があって、それは多くのフライフィッシャーが使用するために魚がスレやすく、効果が薄れてしまう点だ。たとえばエルクヘアカディスはまちがいなく素晴らしい汎用パターンだが、人気河川ともなればエルクヘアカディスを見たことのないトラウトはいない。

「人が使わないフライを使う」というのが、フライセレクトにおける私のプライオリティだ。できるだけ、「それまで魚が見たことがない、おいしそうなフライ」を使いたい。そうはいっても、「魚が見たこともない、おいしそうなフライ」を自分の知見やデザイン力で開発することは至難である。そこで拝借するのが、各地のフィッシングガイドのキラーフライである。

私のホームウォーターであるコロラド・リバーで、今もっともホットなフライは、オーストラリアのタスマニアに住む友人のダニエル・ハケットが結んだヘアリー・ダンのパターンだ。「それって、どんなヤツ?」という質問にはお答えできない。だって、このキラーフライをみんなが巻くようなスタンダードフライの仲間に入れるわけにはいかないじゃないの。―KD

Ⅳ プレゼンテーション

100 ピュアリストの皆さんへ

フライフィッシングは魚をターゲットにした総合的なスポーツである。その時々の状況に応じて釣法を変えることはきわめて合理的な発想であるどころか、自然科学的な解決を指向するフライフィッシャーにとって、本来そうあるべき正しい方向だ。

全世界の（ドライフライ）ピュアリストたちからの一斉射撃を覚悟して、勇気をだして言ってしまおう。虫1匹飛ばない寒く暗鬱《あんうつ》な日に、ドライフライを使いつづけるのは、こだわりというよりは、むしろ愚かしい判断である。はいはい、わかっています。スポーツだからこそゲーム性が重要で、そこにはルールが必要なんですよね。でも私は、フラットでのボーンフィッシングが大好きなピュアリストを大勢知っている。なぜボーンフィッシュにドライフライを使わないのかと質問すると、ボーンフィッシュの食性に相反するからだそうだが、トラウトにしても水面での捕食量は、水中での捕食量とは比べものにならないほど少ない。

私は、サッカーで手を使おうと提案しているのではないし、10人で野球をやろうとしているわ

けでもない。フライフィッシャーなんだから、もっと自然な方法で釣りを楽しんでみませんか？と提案しているのだ。—KD

101　新グランドスラム

前の項とも関連するが、私は最近、淡水でもグランドスラムを意識して釣ることが多い。淡水のグランドスラムとは、レインボー、ブラウン、ブルック……ではない。魚種ではなく、釣法である。ドライ、ニンフ、ストリーマーの三種類の方法で、トラウトを釣りあげることができた日は、かなりハッピーだ。さまざまな状況に対応できることが重要だと思うから。—KD

102　マイクロドラッグと立ち位置

だいぶ以前にニュージーランドのカフランギ国立公園で、ガイドのスティーブ・グリーニーの案内で巨大なブラウントラウトを狙っていたときのことだ。私がキャストをしようとした瞬間、スティーブは私の肩をつかみ、左へ2歩下がるように言った。そのとき、私は浅い早瀬のなかに立っていたのだが、結局、左に2歩下がり、流れが緩んでいる岩陰からキャストした。

4kgオーバーのブラウンが釣れ、興奮が冷めやらぬまま私はスティーブに聞いた。

「やっぱり岩陰から、少しでも体を隠した方が良かったんだね」

「いや、ちがう。最初に立っていた位置からキャストすると、マイクロドラッグがかかってしまうんだ」

神経質なキウイブラウンは、速い流れのなかに立っている釣り人が、ラインのスラックをたぐり寄せるときに発生するわずかなドラッグを感知する。たとえロッドに添えた人差し指でラインを抑えていたとしてもだ。その微細な振動を避けるためには、立ち位置を速い流れのなかではなく、水が動いていない場所にする必要がある。ニュージーランドのトラウトフィッシングは魚が大きく賢いだけに、繊細さが要求される。このとき以降、私は可能な限り緩い流れのなかに立ってキャストするようになった。―KD

103 リーダーの長さはフライフィッシングの核心

フライフィッシングを始めると道具への関心が高まり、上達するためにまずはロッドに目がいく。このあたりは所有欲と自身の技術的な（主にキャスティング）コンプレックスが関係してくるから複雑で熱を帯びやすく、かつ終わりはない。もちろん新調したロッドで腕が上がるというのは完全な幻想で、フライフィッシングで釣果にもっとも影響する道具は、ラインから先のフライとリーダーである。

フライそのものは歴史的に十分脚光を浴びてきていて、これまで世界で何百冊、あるいは何千冊のタイイングの本が発行されたかしれない。ところが、本来、フライ同様に熱く語られるべきリーダーとティペットは透明で目立たないせいか、リーダーシステムをテーマにした本はない（たぶん）。

ロングリーダーとショートリーダーについては『レッドブック』にも書いたが、まずはロングリーダーとショートリーダーの二つのシステムがあるわけではないことを理解してほしい。定義なんてないのだ。ショートリーダーを9ft、ロングリーダーを18ftとするなら、14ftは何と呼ぶのだろう。ミッドリーダー？

ロングリーダーがいいわけでもなく、ショートリーダーがいいわけでもなく、それぞれのフライフィッシャーの釣り方に合わせた長さがあるだけのことで、自分の釣り方を自覚しないままに、ロングリーダー派の有名釣り師をまねてみたところで絶対にうまくいかない。もし雑誌に登場するような著名フライフィッシャーをまねするなら、ロッド、システム、釣り方、フライ、そのすべてをまねなくてはならない。部分的にまねをすると、１００％失敗する。６Ｘで18ft以上のリーダーシステムを使うためには、ロッドの長さとアクションが決定的な要素となるし、使用するフライの種類も限定される。このロングリーダーシステムで#12のハンピーをキャストすることは実質的に不可能と考えるべきだ。空気抵抗が大きく、かつ回転しやすいフライが苦手なシステムだからである。つまり規模が大きめのフリーストーンをメインフィールドにしている釣り人はまねることができないシステムということができる。

私はショート派でも、ロング派でもない。ミッド派というのがあるなら、おそらくはそこに属しているのだろうが、12ftと15ftでは、これまたずいぶんとちがう。

リーダーシステムに関しては、釣り人共通の正解はない。唯一、確実に言えることは、フライをターンオーバーさせることのできる長さに収めなくてはならないということだけだ。ターンオーバーさせられない長さというのは、つまるところ運任せの釣りになる。あえてティペットから先を失速させて逆U字のナチュラルドリフトをするとしても、それはターンオーバーさせられるけれども、あえてそうしないという選択の結果でなければならない。

釣り場の環境によって、ティペットの長さや細さを変えることが重要な戦術であることは事実だが、普段9ftで釣っている人が15ftにするという極端な選択はしない方がいい。フライフィッシングはスポーツであり、体に技術を覚え込ませるものだから、普段とちがうことをやるとどこかで破綻する。たとえば、魚をかけたとしても、ティペットのスラックですぐにバレてしまうとか。

最適なリーダーの長さを見つけるための試行錯誤は、自分の釣り方を見つけるための試行錯誤でもある。リーダーの長さを選ぶというよりは、むしろそれぞれの釣り人の技量、釣り場、釣り方などによってリーダーの長さが自動的に決まってしまうからだ。リーダーシステムの長さというのは他人に聞くものではなく、自分自身でしか発見できないものなのである。―KD

104 テールライトを狙え

ニュージーランドでは、フィッシングガイドのディオン・マセソンからあまりに意外なヒントをもらった。きわめて水が透明な川で魚が見えている場合は、フィーディングレーンにフライをキャストしてはならないというのだ。私は長い間、魚が捕食物を待っているレーンにフライをキャストすることがフライフィッシングの正義であると信じて疑ってこなかった。しかしディオンは、神経質な魚をターゲットにする場合はかならずしも王道が正解とはならないという。

　下流から上流に向かってフライをフィーディングレーンに流すということは、ティペットをフィーディングゾーンに流すとほぼ同義だ。トリックキャストでの回避方法もあるにはあるが、キャストの距離が長くなると、それも困難になる。カーブキャストを使ったとしても、フライにティペットが結ばれている限り、ティペットは水面上を流れるのだ。「そんなこと言ったって、ティペットを切るわけにはいかないじゃないか！」という、あなたとおなじことを私はディオンに言ったが、返ってきたのは「テールライトを狙うんだ」という意外な返事だった。「？？？」。キウイの英語はときどき私に理解不能なことがあるが、このときは私の聞きまちがいではなかった。「10m前に車が止まっていたとする。ナンバープレートの位置にあの大鱒が定位している。アメリカ人はみな、何一つ疑うことなくナンバプレート目がけてキャストするけれども、ニュージーランドではかならずしもそれがベストではないときがあって、それが今、私たちの目の前にある状況なんだ。あの大きさのトラウトは百戦錬磨で、フラットな水面に貼りついて流れてくるティペットを見破る。だから、フィーディングレーンにフライを流さずに、あえて筋をずらしてキャストしないとならない。ナンバープレートではなくて、脇のテールライトあたりを狙ってキャストしてみて」

　私はディオンの言うとおりにキャストした。しかしトラウトは反応しない。ついついフィーディングレーンにキャストしてしまいたくなる。フライを2回変えたあたりで、正直なところ私はいらついてきた。

「見えてないんじゃないかな?」

「いや、見えている。捕食物だと認識していないだけだ。食い物だと判断すれば、かならず寄ってきて、パクリとやる。フライを換えよう」

　そして、三つめのフライをキャストしたとき、そのトラウトは静かにヒレを動かして、なにげなくフライの真下にやってくると、大きな口を開け、静かに吸い込んだ。

　このテールライト経験は、その後の私のアメリカ国内の釣りでも大いに役立っている。大きなプールではついついバブルラインに流したくなるが、あえて流れの緩いフラットな水面にキャストすると、離れたところから魚がやってきて、疑わずにフライをくわえることがあるのだ。多くのフライフィッシャーは、「フィーディングレーンにフライを流す」という固定観念に捕らわれ

ている。ときには魚を誘いだすことも必要だ。―KD

105　一番星が見えるまで

山陰に太陽が隠れ、空が赤く染まり始めるころ、それまで静かだった水面にライズの輪が広がり始める。「待った甲斐《かい》があったぞ！」と、すぐに腰を下ろした岸辺から立ち上がってはいけない。イブニングライズでは、ほとんどのケースで小さな魚が先にアクションを起こす。大きな魚ほど警戒心が高く、西の空に一番星が見えるくらいの暗さにならないと動き始めないのだ。小さな魚のライズを見てウェーディングを始めた釣り人の姿を、暗がりに潜んでいる大きな魚はじっと見つめている。そして、「チェッ、今晩は夕飯抜きだ」と舌打ちをするのだ。イブニングライズは中途半端な時間帯に釣り始めてはいけない。露払いの小物たちの後に登場する親分を待つこと。一番星が合図だ。―CH

106　勇敢なカニ

何年も前、ビスケーン湾でフロリダの伝説的なフラットガイド、故ビル・カーチスと釣りをしたときに、釣り人としての私の心に刻み込まれた苦い思い出がある。彼はポーリング・プラットフォーム（ボート上の高い台座）に立ち、私はキャスティング・デッキにいた。そこに巨大なパーミット（水面下で輝く金属製のゴミ箱のふたのようだった）が視界に入ってきた。私たちは二人同時にそれを見た。私は、我ながらほれぼれするような完璧な60ftキャストをして（少なくとも私はそう思っていた）、魚の数ft横にフライを落とした。魚はそのまま私の方へ向かってきた。しかし、私がラインをストリップし始めると、その魚はたちまち向きを変えて、逃げ出してしまった。しかも私がフライをストリップし始めた途端、パーミットだけでなく、ビルもポーリング・プラットフォーム（ちなみにこの台座は彼の発明である）から降りてしまったのだ。私が「何がいけなかったんだろう？　完璧なキャストをしたと思っていたのに」と問うと、ビルは「パーミットはカニに襲われることに慣れていないんだよ」とつぶやいた。

　エビやカニは捕食魚から逃げる。魚に向かっていく勇敢なカニなんて、この世に1匹もいやしない。当たり前のことだった。―KD

107　赤ん坊への離乳食

　トラウトは定位して捕食していることが多い。魚自身は動かずに、水流がベルトコンベアーになって、トラウトの食卓に食事を運んでくるのだ。釣り人がすべきは、そのベルトコンベアーにできるだけ自然に、そっとフライを載せてあげることだ。

私の経験からいって、かなり多くの釣り人がドラッグのかかったフライを見ても、それを不自然に思っていない。多少のドラッグがかかっていても、こんなもんだと思っている、あるいは、思いたがっている。ドラッグの有無がトラウトフィッシングの釣果を大きく左右する、という鉄則を念押ししておきたい。完璧なドリフトとは、フィーディングしているトラウトに向かって、虫をスプーンに載せて「あーん」して食べさせているような状態のことをいう。思うように体を動かせない赤ん坊が、水中で口を開けて待っているとイメージして（ちょっと怖いかも）、静かに、ゆっくりと、スプーンで食事を与えてほしい。—KD

108　タイミングがすべて

ミシガン州を代表するガイドで、ブラウントラウトとアトランティックサーモンについての著作もあるマシュー・スピンスキーは、ライズしている魚にキャストする最悪のタイミングは、その魚がライズした直後だと説く。なぜかというと魚は後ろに目がついていないからだ。ライズして虫を捕食した魚がいったん定位していた場所に戻り、再び水面を見上げるまでには、釣り人が想像しているよりもはるかに多くの時間が必要とされている。それなのに、多くのフライフィッシャーは、魚のライズを見つけると、間合いを取らずにあわててフライをキャストしがちだ。ハッチが起きていて、トラウトが特定の虫をキーにしていることがわかっていれば（散発的なテレストリアルへのライズは除いて)、おなじ魚が3回捕食することを確認してからキャストをしてほしい。虫の正体はわかっている。魚の居場所もわかっている。さらに重要なのがライズのインターバルなのだが、この点を考慮しない釣り人が多すぎる。魚が10秒ごとに食べているのか、30秒ごとに食べているのかを確認し、そのタイミングに合わせてキャストすることによって、キャッチの確率は増大する。—KD

109　ストリーマーはティップダウン

ストリーマーをリトリーブする際にはロッドティップを持ち上げていてはならない。重いストリーマーはそのウェイトだけでリーダーにスラックを作ってしまい、魚がフライをくわえたときに、しっかりとしたフックセットができなくなってしまうからだ。バストーナメントのプロフェッショナルたちがやるように、ティップをほんの少しだけ水面につけてリトリーブすると、魚が食いついたときに、リーダーやラインのスラックなしに、しっかりフックセットできる。—CH

110　アップストリームでダウンストリーム

ドライフライフィッシングの際にアップストリームで釣り上がるか、ダウンストリームで釣り下るかを、川の状況や釣り方によって判断している釣り人は多いだろう。フリーストーンではアップストリーム、フラットなスプリングクリークではダウンストリームが一般的である。アップストリームはポイントへアプローチする際に、上流を向いている魚の視界に入りにくい優位点があり、ダウンストリームにはフライを先行させて（ティペットを魚の視界に入れずに）流せる利点がある。そして、水面を流下するメイフライやカディスを観察してみるとわかるが、羽化する大半の虫や産卵のために水面に戻ってきている虫の多くは、上流に向かって飛びたがる。従って、流下中に頭を上流側に向けていることが多い。この状態を演出するには、圧倒的にダウンストリームが有利だ。

フリーストーンを釣り上がっているときでも、ストーキングしながらポイントの前に出て、ダウンストリームで流すことのできる状況は少なくない。面倒くさがらずに腰をかがめて、岸際をストーキングし、クロスからダウンストリームに流してみよう。まちがいなく魚の反応が良くなるはずだ。—KD

111　最後の一引き

昔からあるウェットフライのスイングテクニックで、もっとも魚がかかる確率の高いタイミングは、流し終わったあとにラインが下流に伸びきったときだ。フライを追いかけてきた魚が、動きの止まった瞬間を狙って食いつくからだが、もしもそこで魚が食いつかない場合、あきらめずに短くラインをストリップしてみてほしい。フライに動きが加わることで、トラウトの興味を引くことが多く、ことにニジマスはこのタイミングでかかる確率が高い。—CH

112　ワンキャスト、ワンステップ

規模の大きな川でのストリーマーフィッシングで、ポイントの見当がつかない川を探る場合、意識しなければならないのは、おなじポイントに繰り返しキャストしないことだ。ニンフやドライとちがって（例外はあるとしても）、誘って釣るストリーマーに、二度目のチャンスがあることは少ない。それよりも、どこに魚がいるかがわかない水域を、より多くカバーすることが重要だ。おなじポイントに2度キャストする釣り人と、キャスト後にかならず一歩動く釣り人では、釣果に大きな差が出てくる。ワンキャストしたら、かならず一歩下流、もしくは流心に向かって動く習慣をつけよう。—CH

113　さようならアダムス

これはピュアリストには絶対に受け入れられない方法だろうが、それでも私は大きなトラウト

を釣るための有効な方法と信じているから、紹介しておく。

小さなクリークで釣っていて、小型の魚ばかりが釣れてきて、この川には大物はいないと思ったことはないだろうか？　ほんとうにいないのかもしれないが、ほとんどの場合、どこかに隠れている。それはグリズリーと同様だ。警戒心の強い老獪なグリズリーほど、人間を避けることにたけている。自分に釣れないからといって、存在自体を否定してはいけない。そんなトラウトを引っ張り出すには、アダムスやエルクヘアカディスとさよならしよう。頭上を通過するドライフライに飽き飽きしている賢く大きなトラウトが、ウーリーバッガーやウェイトのあるマドラーに反射的に食いついてきて、きっとあなたは「こんな小さな川に、こんな大きな魚が！」と驚くことになる。―ＫＤ

114　クリンクハマーは姿勢が命

先日開催した実釣レッスンで、釣れないとボヤく生徒のフライを見たら、きれいに巻かれたクリンクハマーだった。パターン的にはその日のハッチとマッチしていて問題がないはずだった。しかし、キャストしてみてくださいという私の言葉で水面に浮かんだフライは、インジケーター部の先端からテールの先端まで、フライ全体が水面に寝そべるような姿勢で流れ下っていた。「これは、ゴミです」という私の言葉に気を悪くしたようで、どこそこのフライショップで買ったフライだと弁明をしたが、私が言いたかったのは、フライの浮き方だった。クリンクハマー系のフライは、ソラックスから下が水面下に沈んでいないとまったく効果がない。全体が浮いているクリンクハマーは、トラウトの目にはゴミにしか見えないのだ。

現場では、まずは近くの水面にフライを浮かべて、姿勢を確認してほしい。とくにクリンクハマーのように、一部が水面下、残りが水面上といったフライは、ある程度の調整が必要なことが多い。フライが小さい場合は、ティペットへの結び方をパーフェクションループにして結び目をフリーにしないと、水面に突き刺さるような浮き方をしないことも多い。キャストする前に水面下に沈める部分にツバをつけ、残りにフロータントをつけて、近くの水面で姿勢を確認する習慣をつけよう。―KD

115 裸のつき合い

巻いたフライと一緒にバスタブに漬かったことはあるだろうか？　トラウトとおなじように水のなかに入って、水面の高さから間近にフライを見てみると、バイスに挟まれていたときとはちがう、いろいろな姿が見えてくる。なかでも重要なのがドライフライの浮き方で、自分が思い描いていた姿勢になっているかどうかチェックしたい。パートナーには内緒で、ちょっぴりフロータントもつけてしまおう。世の中、裸のつき合いをしないとわからないこともある。―KD

116

謙譲の美学

私たちアメリカ人は、自分たちが正しいと信じている文化や世界観を、別な文化圏の人々に強要してきた。その押しつけがましい性格は、フライフィッシャーのなかにも根強く残っている。「こうであるはずだ」、「そうでなくてならない」といった独善的な思考は、ほとんどの場合、釣果にはネガティブに働く。魚は武力で制圧することはできないし、言葉での脅しも効かず、なによりも押しつけがましさを嫌う種族なのだ。

自分都合の発想を捨てて、魚の身になって考えることから始めよう。「お忙しいところ、こちらの勝手な都合でおつき合いいただき大変恐縮ですが、このフライでよろしいでしょうか？」くらいの気持ちでキャストすれば、魚も「アンタも熱心だねえ、まあそれほど言うなら」という気持ちになってくれるものである。―CH

117

疑わしきは合わせよ

長い間、私はスキューバ・ギアをつけて川に潜り、トラウトを観察することに多くの時間を費やしてきた。水面の向こうからではわからないトラウトの生態を目の当たりにしたことが、釣り人としての私を成長させたと信じている。

私の経験からいうと、トラウトは水中の流下物に関してはそれほど執着せずに、手の届く範囲のものを適当に口にしている。ソファに座ってフットボールを見ているときに、コーヒーテーブルのポテチに手を伸ばしたり、ナッツをつまんだりするような感じで。一方、水面に浮いたバッタを食べるときには、ステーキを目の前にしてナイフとフォークを持ったときのような雰囲気になる。

トラウトにとって、捕食のために水中を移動するのは面倒なことだ。できればソファでのんべんだらりとしながら、ポテチに手を伸ばしていたいのである。ビールのおかわりを冷蔵庫に取りにいくのは面倒なのだ。怠け者のトラウトは虫だけでなく、虫っぽい小枝や葉っぱやその他の流下物も吸い込み、食べ物ではないと判断すると、一瞬で吐きだす。すなわち、魚は流下物を目だけで判断しているわけではなく、「疑わしきは食ってみる」のである。

水中からニンフフィッシングを観察していると、トラウトがあまりに素直にニンフを口にしていることに驚く。しかし、口にしてから吐き出すまでの時間は電光石火だ。水面の向こう側にいる釣り人は、水中で起こっていることを一切知ることのないまま、おそらく「ここにはいないな」と呟きながら釣りつづける。インジケーターはピクリともしないのだ。トラウトは自分が吐き出したものが、脅威だったのかどうかさえ気づかない。単に食い物ではないと判断したのだ。といった観察結果から、ニンフフィッシングで重要なのは、以下の三点であることを確信している。

①ソファに座っているトラウトが、手を伸ばせる範囲内（フィーディングレーン）にフライを正確に流すこと。

②フィーディングレーンには深さがあることを意識すること（多くの場合、フライが十分沈んでおらず、ウェイトの追加が有効なことが多い）。

③ここぞというポイントで、中層から水底までを探ってもあたりがない場合は、フライを換えること。というのは、魚は前に流したフライをくわえたかもしれないのだ。いったん食い物ではないと判断した流下物を再び吸い込むことはないが、逆に新しいフライであれば、また別な反応が起こる。

ニンフフィッシング最大の課題は、魚がニンフを口にした瞬間を察知することが困難である点である。インジケーターにあたりがでる確率は、多く見積もっても10回に1回程度ではないだろうか。リーダーであたりを取るユーロニンフの優位点がここにあるが、名人級の釣り人でも半分程度のあたりを取るのがやっとというのが現実だ。

ニンフフィッシングは確率の釣りなのだ。ニンフフィッシングとドライフライフィッシングのちがいは、相手にする魚の本気度である。もちろんドライフライでも「疑わしきを食っている」が、それは水面まで浮上するエネルギーとのトレードオフだ。

トラウトが「疑わしきは食う」のであれば、釣り人は少しでも確率を上げるために、「疑わしきは合わせる」ことが重要になる。—ＫＤ

118 ニンフ新時代

『トラウトバム』で知られるフライフィッシング・ライターのジョン・ギーラックは、ニンフフィッシング時代の到来を以下のように述べている。

——ニンフフィッシングをエサ釣りの延長と考えていたプライドの高いフライフィッシャーが、フライボックスにビーズヘッドニンフを忍ばせるようになったのは、フライフィッシングの総合的な進化なのだ。フランク・ソーヤーも、きっと今ごろ、天上のどこかの川で留飲を下げていることだろう。—ＫＤ

119 勇気ある前進

ポイントを見極めたら、キャストする前にもう一度、自分の周囲を確認してみよう。なんとかキャストをもう１ｍ短くできないだろうか？　難しい？　そこをなんとか！

ターゲットまでの距離が６ｍと５ｍでは、キャッチの確率にかなり差がでる。フライフィッシャーの多くが、なぜか一歩前へ足を踏みだすことよりも、１ｍ余分にキャストしたがる。もう少し前に行けるのに、まるで魚にハンディを与えているように、遠くから投げたがるのだ。誰しも魚をかけそこなったり、バラしたあと、「ここに立てば良かったのに……」と思った経験があるはずだ。フライフィッシャーは便利な飛び道具を持っているがために、なにかと遠くから投げたがるが、命中精度を上げるためには、なによりも目標に接近することが大切だ。勇気あるもう一歩を！　―ＣＨ

120　魚の死角

トラウトには人間とおなじように目が二つついている。頭部についているところもおなじだ。決定的にちがうのは、人間の目は顔の前に二つ並んでついているが、魚の目は頭部の左右に分かれていることだ。人間は自分の背中側全体がほぼ死角となるが、その代わり前方に死角はない。一方でトラウトは体の両サイドに目がついているために、人間よりもはるかに背後の死角が少ない。それでも背後が見えにくいことは確かで、だからドライフライフィッシャーはアップストリームで釣るのだが、多くの人は重要なことを見逃している。じつは真正面も死角なのだ。ドライフライを魚の上流側に落とすとき、中途半端なカーブキャストなどせずに、ストレートにフィーディングレーンの真上にフライをキャストすることも、ときには有効な手段となる。ただティペットやラインの着水音は別な話だ。―KD

121 プロファイルとカラー

ニュージーランドにニック・ロバートソンという名ガイドがいる。雲のない晴れた日にトラウトのライズを発見した場合、ニックは魚が定位している場所から左右どちらの筋を好んで捕食しているかを観察するという。重要なのは太陽の位置だ。太陽が真上にある場合は、左右どちらでも気にしない。しかし太陽が傾いている時間帯は、逆光気味で捕食しているのか、順光気味で捕食しているかで、フライの選択を変える。逆光気味の捕食物にライズしているトラウトへはシルエットを重視したフライ（ラバーレッグつきなど）を使い、順光気味の捕食物にライズしているトラウトには食べている虫に極力似た色調のフライを選ぶ。

水中から水面を見上げると、すべてが逆光でシルエットになってしまうと思いがちだが、水中で光は拡散し、水底や岩などいたるところで反射して、フライを照らすレフ板になっている。ただし太陽が上空で強く輝いている場合は、水中に拡散する光が負けてしまうため、ニックのやり方は理にかなっている。―KD

122 合わせ切れの真実

ナイロンからフロロカーボンに変えてから、合わせ切れが少なくなったという友人がいる。「やっぱフロロは強いね」と友人は言うが、私は合わせたときの強度の問題ではないと思っている。合わせ切れというのは、ティペットに強度が不足しているから起こるものではなく、主にティペットが傷んでいるときに起こるからだ。たとえば小さなクリークでショートキャストが繰り返される場合、草木や岩にこすられたティペットはワンキャストごとに劣化している。従って、傷んだら交換すればいいわけだが、釣りの現場ではほんのちょっとした確認さえ面倒なものである。草に引っかけた後でも、劣化具合を確認しないまま釣りつづけてしまいがちだ。つまり、合わせ切れというのは、切れるべくして切れているのである。じっさい、結び直したばかりのナイロンティペットであれば、よっぽど強く合わせない限り、合わせ切れを起こすことはない。フロロカーボンの強みは引っ張ったときの強度ではなく、傷みにくい耐久性にある。ティペットが傷みやすいフィールドで釣りをする人にとって、フロロカーボンは強い味方となるはずだ。―KD

123　フロロカーボンのネガキャン

前項でフロロカーボンを勧めはしたが、私の良心がどうしても書き足したいことがあると言って聞かないから、もう一人、別な友人のポリシーを紹介しておく。

「ぼくはフロロは一切使わないことにしている。ナイロンとどっちが強いかなんて、いっさい関係ない。理由は一つだけ。ナイロンは劣化してくれるからだ。もうこれ以上、地球上に処理できないものを残すのはやめようよ」—KD

124　7Xはいらない

魚を健全な状態でリリースするためには、水からださないことが重要だが、魚とファイトする時間が生存率に反比例していることも忘れないでほしい。ファイトが長引けば長引くほど魚を疲れさせ、乳酸を蓄積させ、体力を失わせてしまう。必要以上のライトタックルは使わないようにしたい。3番ロッドか4番ロッドかを迷ったら4番ロッドにしよう。ロッドの強さ同様、重要なのはティペットだ。私は少なくともこの10年間は7X以下のティペットで釣りをしたことはないし、今後そのポリシーを変えるつもりもない。正確なキャストとドリフトに細心の注意を払えば、

7Xティペットでしか解決できないことはないと信じている。—KD

125 あなたの必死を伝えて

ソルトウォーターのビッグゲームで大型の魚がフライを追ってきたときに、やるべきことは一つしかない。小魚が弱ったフリをするためにリトリーブの速度を落としたり、変化させると、たいがいは見破られて逆効果となる。より速くリトリーブすることだけを考えよう。ロウニンアジから逃げる小魚は、文字どおり必死で泳いでいるはずだ。あなたも死ぬ気でリトリーブして、ロウニンアジにその必死さを伝えよう。どんなに速くリトリーブしても速すぎることはない。—CH

126 ターミネーター登場

これはヒントというよりは、むしろ思い出話と呼ぶべきなのかもしれないが、私の長い釣り人生のなかでも、とびきり印象に残った体験を紹介したい。ブラジルのリオ・マリーで、ボートからピーコックバスを狙っていたときのことだ。

私がストリッピングしているストリーマーを、7~8kgはあると思われるピーコックバスがチェイスしてきた。魚のあまりの巨大さに慌ててしまった私は、うっかりストリッピングしていた手元のラインをつかみそこねてしまった。その瞬間、小魚だったはずのストリーマーは動きを止め、魚を襲うターミネーターの姿に変身してしまった。食い物と思って突進してきたバスは、目の前で起こったおどろおどろしい変身に驚き、ジャンプ一番反転しようとしたが、向きを変えた地点にたまたま岩が飛び出ていて、勢い余って岩に頭を打ちつけてしまった。バスは岩に体を貼りつけたまま、半身を水面上に露出させた状態で失神してしまった。ガイドが魚を水に戻そうと、ボートを寄せようとしたときだった。ふいに水面がざわついたかと思うと、赤銅色の魚の集団が現れ、数匹の魚がバスの尾びれと胸びれをかじり始めた。バスが失神してから、わずか20秒ほどだったと思う。異変に気づいて意識を取り戻したバスが、ピラニアを尾びれで激しくたたくと、爆発的な水しぶきを上げてピラニアたちは逃げだした。一瞬でショーは終わり、すべての魚は暗い深みへと散っていった。その日、釣り上げたどんなバスよりも、そのバスは私に強い印象を残した。私たちは釣りをスポーツやレジャーと思って楽しんでいるが、魚は常に生死をかけているという事実を思い知ったのだった。

　チャージしている魚の前でリトリーブを止めると、フライは一瞬にして生物からターミネーターへと変身してしまう。どこでなにを釣っていても、魚種に関係なく、ほとんどの場合「オフスイッチ」が入ってしまうのだ。いったんキャストしたフライは最後までリトリーブして、魚にターミネーターであることを悟られないようにしよう。―KD

127　リーチキャストをもう一度

多くのフライフィッシャーにとって、リーチキャストは最初に覚えるトリックキャストだろう。先日のレッスンで、30年以上もフライフィッシングをしている釣り人から、リーチキャストがうまくいかないという相談を受けた。最初の頃に覚えるテクニックだけに、何十年も前に覚えたはずの肝心な点を忘れてしまっているらしい。もしかすると、読者のなかにも同様な人がいるかもしれないので紹介しておこう。

ロッドを前に振りだしたときに、つかんでいるラインを離すこと。なにひとつ難しいことのない、この肝心な点、忘れているベテランの方いませんか？

ついでにもう一つ、忘れがちな点。キャストの終わりで、ロッドティップを水面に向けないこと。ティップを下げるようにキャストすると、ラインが早く水面についてしまい、ドラッグがかかるタイミングを早めてしまう。最後までロッドティップを上にしてキャストすること。―ＫＤ

128　カヤックの勧め

数年前、ユカタン半島を訪れたとき、私は友人と2艇のカヤックを借りて、ウェーディングではたどり着けない僻《へき》地のラグーンを1日かけて探検した。フラットでカヤックは目立たないし、音もあまり立てなかった。意外なことにはウェーディングよりも水面を乱すことなく、動いている魚に近づくことが容易だった。私は、その旅で完全にカヤックにハマった。まだまだカヤックの操縦自体は初心者だが、カヤックの操縦のしやすさと、水中での安定性は驚くばかりだ。

現在のカヤックは以前とはちがって、フライフィッシャーにとって便利な構造になっている。高さのあるチェアやフライロッド専用のホルダーが装備され、ビールを数杯飲めるクーラーやフライフィッシングギアを入れるコンパートメントなどのスペースがあるモデルもある。経験したことがない人は、いちど体験コースでトライしてみるといい。これまでに経験したことのないフィールドを自分で探検して、釣る機会を与えてくれるカヤックは、新しいフライフィッシングの道具である。―CH

129 マラブーの幻惑

私はこれまで、カナダ北部でクリー族やチペワ族のガイドと釣りをしてきた。彼らのほぼ全員が、なによりもリトリーブの間《ま》が重要だと強調する。静止状態が長すぎるとフライは生命感を失い、短すぎると不自然になるという。なかなかイメージの湧かないその「中間」のタイミングについて、あるガイドがとても視覚的なアドバイスをしてくれたので、ここで紹介しておく。

リトリーブしている際の、ストリーマーのテールをイメージする。リトリーブを止めると、その反動でテールのマラブーがふわりと前方(釣り人側)に戻ってくる。そのテールがフライのヘッドまで戻ってきたら、ラインをストリップする。このタイミングでストリッピングを繰り返すと、逃げている生物が尻尾を振って、必死で泳いでいる姿を演出できる。ただ、漠然とラインをストリップしたり、カウントしてストップ・アンド・ゴーを繰り返すのではなく、水中を逃げる生物をイメージしながらリトリーブすることが重要だ。—CH

130 ゲームマナー

魚は釣り人の対戦相手ではあるが、試合が終わったら、相手へのリスペクトを欠かさないようにしたい。ときどき小さな魚を捨てるようにリリースしたり、大きな魚の記念撮影を終えると、もう用なしとばかりに足先で小突いてリリースする釣り人を見かけるが、プロフェッショナル・スポーツの世界であればレッドカードで即刻退場、次ゲームへの参加資格剥奪《はくだつ》となってしまう行為だ。

　釣った魚のリリースについてはいろいろな人が、いろいろな立場でいろいろなことを言うが、私自身が常に自分に言い聞かせているのは、対戦相手が弱くても強くても、リスペクトを欠かさないようにする、という一点だけだ。打ち負かした相手にツバを吐きかけるようなことや、さんざんいたぶったあげく瀕死の状態で水に戻すようなことは、スポーツマンシップにもとることだ。手強かった対戦相手に握手を求め、格下の対戦相手にはポンポンと背中をたたくような気遣いとリスペクトさえ忘れなければ、釣り人の行動は自ずと決まってくるはずだ。—KD

131 ホッパー記念日

ウィスコンシン州の牧草地を流れる、両岸に草の生い茂った川のアンダーカット・バンクに、大きなブラウントラウトがいるのを見つけた。夏の朝のことで、私は大きめのフォームホッパーで釣っていたのだが、魚の反応は今一つだった。集中力を欠いたままキャストしていた私は、ライズした場所の真上の草むらにフライを引っかけるというミスを犯してしまった。魚に悟られないようにラインをそっと引っ張ると、フライが水面にポトリと落ちた。その瞬間だった。巨大なブラウンが水中から姿を現し、ホッパーを押さえ込むように食った。その魚を釣り上げた私は、次のポイントでは水面を狙わずに、対岸の草むらを狙った。前回とおなじことが起こった。私のホッパーフィッシングは、その日から変わった。

ホッパーを使ったドライフライフィッシングでは、落下を知らせるために、あえてフライを水面に叩きつけるという手法が一般的で、私もそれまでは教本どおりにしていた。しかし、その日、私が釣っていたのは朝方の、まだ太陽がさほど上空に上がっていない時間帯だったのだ。考えてみれば、草木が朝露に濡れている時間帯に、勢いよく飛んでいるバッタなんていないのだった。やはりフライフィッシングは「釣る前に見ろ」が重要だと思い知った日だった。だからその日が私のホッパー記念日。―KD

132 晩餐《ばんさん》の鐘

前項とは逆に、魚が音で集まってくる場合もある。釣り仲間のアル・ケラーは、ポケット一杯の小石や貝殻をボートに積んで釣る。マングローブの根の下にスヌーク（スズキ目の海水魚）が隠れていることが多く、ポイントに直接キャストできないような場合、殻や小石をマングローブの横の砂州に投げて、誘いだしてから釣る。巻き餌のイミテーションだとアルは言うが、確かにマングローブのスヌークは水面の音を感じている。ただし、このやり方がトラウトフィッシングで効果的だったことはほぼない。―KD

パートV　その他、いろいろなこと

133　人に借りることができない道具

トム・ローゼンバウアーは、今日のフライフィッシング界において、まちがいなく最良の指導者の一人だろう。オービス社に43年以上在籍し、多くの本や雑誌の記事を書き、人気ポッドキャストのホストを務め、テレビ番組にも出演している。まさしくフライフィッシングのマルチタレントだ。トムはまた私の良き友人でもあり、チリの荒野、コロラドの高地、モンタナ、キャッツキルの伝統ある川、バハマのフラットなど、さまざまな場所で彼と一緒に釣りを楽しんだ。先日、テキサスの取材に同行したときに、道具のなかでなにが一番大切か？　という話題になった。まあ、トムのことだから、素直に「ロッド」とは言わないだろうことはわかってはいたが、トムはこう答えた。

――ロッドを忘れたり、折ったりしても、取材先では誰かがかならずフライロッドを貸してくれるし、リールもおなじだ。ブーツやウェーダーを忘れて借りたことがある。フライだって、まあ、他人のでもなんとかなる。でも、リーダーシステムだけは自分のものでないとダメなんだ。

ほとんどのフライフィッシャーがリーダーの長短をあれこれ議論するけれども、重要なテーパーについては、不思議とメーカーに任せっきりで、「どれを使おうか?」と迷っても、「自分で作ろう」とは考えない。フライフィッシングの核心がリーダーシステムにあることを認識している釣り人は意外に少ないんだよ。

　リーダーシステムこそが、フライと魚をつなぐ最重要アイテムであると信じているトムは、リーダーシステムを自分で作るか、少なくとも市販のリーダーを改造して使っている。リーダーフォーミュラは状況別にいくつもあるが、もっともシンプルなものは、以下のとおりだ。①バット部分を数ft(釣り場の状況を考慮して長さを決める)追加する。②リーダーの先端の太さに合わせ、ティペットも数ft足す。以上だ。当然、リーダー全体は長くなるが、バットエンドを伸ばすことでコントロール性能があがり、ターゲットに向かってキャストしやすくなる。ティペットを延長して(できれば、よりしなやかな素材にする)ことで、マイクロドラッグを防ぐことができる。トムをまねたリーダーを作るかどうかは重要ではない。リーダーシステムをあれこれと工夫して、自分に最適なものを見つけることが大切だということだ。ショップで買ったパッケージから取り出して、それを結べば完了すると思ってはいけない。このアドバイスがパッケージ・リーダーを販売する会社で働いている男の言葉であることを肝に銘じてほしい。―KD

134 カープフィッシング（その1）

コイは、デンバー郊外で育った私が初めて釣った魚だ。アングラーとして成長するにつれ、私はコイを忘れて、バスやパイク、そしてトラウトに興味を集中させるようになった。そして歳月が流れた20年ほど前、アイダホ州南部のスネーク・リバーでスモールマウスバスを釣っていたとき、あるフライフィッシャーがコイを釣っている場にい合わせた。最初は「なんだ、コイかよ」とやや、見下した気分でいたが、じっと見ているうちに、猛烈に繊細な釣りであることがわかった。その釣り人は相当な腕前の持ち主で、あれこれとフライを換えたり、流し方を変えた末に、とうとう狙っていた巨大カープをかけ、かなりの時間をかけてネットに入れた。

スネーク・リバーの浅瀬でクルージングするコイをサイトフィッシングで釣っているその釣りを見たその日から、私のカープフィッシングに対する考え方は一変した。フライを完璧にプレゼンテーションする必要のある、もっとも難しい釣りの一つであることがわかったのだ。完璧なストーキングが要求され、釣り人は常にステルスでなくてはならない。そして、かけてからのバトルも一筋縄ではない。私が淡水で出会った魚のなかでコイは断トツに強く、激しく、そして長くファイトする。今ではコイが、私の生涯の魚になる可能性が高いと思っている。—CH

135 カープフィッシング（その2）

アメリカに「トラウト・アンリミテッド」が存在するのは、トラウトが環境に敏感な魚であり、魚類における「炭鉱のカナリア」であるからだ。外来種のブラウントラウトがアメリカの河川に持ち込まれたころ、ネイティブ種のコイは食料源として手厚く保護されていた。しかし、やがてコイはまったく保護の必要のないほど環境に順応する魚であることがわかってきた。というよりも、殺そうとしても殺せない、多くの場所で迷惑がられる種となってしまったのである。中流域や湖では他の種（トラウトを含めて）と競合し、釣り場環境を台なしにしてしまう。正直に言おう、私はコイが好きではない。彼らが生息している水域の大半には、人間が垂れ流している負の痕跡があって、たいがいクサい。そのクサさを全身にまとっているコイは、言ってみれば人間の文明の化身である。クサいのはカープのせいではなく、人間のせいなのだ。だからこそ、文明を享受してきた一市民として、私はクサいモノにふたをしたくなる。

　そうは言うものの、釣り人としての私はコイをリスペクトしてもいる。なぜならフライフィッシングで釣るのが難しい魚だからである。彼らは水面のものを食べるが、キャストされたドライフライはそうそう簡単に口にしない。きわめてスプーキーだから、近寄ってショートキャストでは狙えない。だからといってロングキャストすると、わずかなドラッグを見逃さない。1匹をおびえさせると、その周りの魚たちもおびえる。ともかく難しい。日頃クサいと差別している魚に逆にバカにされた釣り人は、悔しさのあまりパンの撒《ま》き餌をして、パンフライで釣ったりもする。もうこうなるとフライフィッシャーとは呼びたくない。

私の友人には、カープ専門のフライフィッシャー（カープチェイサー）がたくさんいる。彼らの大半は親切で、一緒にいて楽しく、好奇心が旺盛な、素晴らしい人たちだ。しかし、私は同時に彼らが、かなりひねくれた変人であることも知っている。変人とバラしてしまったからには、ついでに彼らの本心を言ってしまおうか。

じつは、彼らはスティールヘッドやパーミットのような魚種を「簡単に釣れる」魚だと考えている。トラウトに関しては、簡単すぎてフライフィッシングの対象魚とすら認識していない。トラウトをフライフィッシングの対象魚として最上位に置く私としては大反論したいところだが、悲しいかなライターの私は取材者として、達人カープチェイサーたちがスプーキーなボーンフィッシュや気難しいトラウトを楽々と手中に収めているのを見てきた。

結論はこうだ。鼻をつまんでカープフィッシングをしよう。カープはどこにでもいる。世界中のフライフィッシャーが、誰でもいつでも釣ることができる。この本を読んでいる90%の人にとって、カープはフライフィッシングにおけるもっとも身近なターゲットであるはずだ。彼らはアプローチ、ストーキング、キャスティング、プレゼンテーション、フライの選択、ファイトなど、他の魚ではありえない全方位的なチャレンジを要求してくる。フライフィッシングのスキルを名人レベルに引き上げたいのなら、カープは避けて通れない。かつてトラウトフィッシャーだった多くのカープチェイサーたちは、おそらくスキルアップを求めてカープフィッシングを始めて、そのままややクサい沼にハマってしまった人々なのだ。―KD

136　都会のフライフィッシング

過去50年ほどの間に水質浄化法によって、アメリカ全土で水質が改善された。ワシントンDCに住んでいる私の友人の何人かはポトマック・リバーで釣りをしている。かつては病気になるのを恐れて、水に足を浸けることさえ敬遠された川も、今ではストライプドバス、シャッド、バス、パンフィッシュ、ナマズ、そしてアジアから持ち込まれたノーザンスネークヘッド（ライギョ）から、さらにはロングノーズガーまで、あらゆる魚が釣れる都会の釣り場としてにぎわっている。また、デンバーのダウンタウンでは、腕に自信のあるフライフィッシャーがギャラリーを背後に従えて、サウスプラット・リバーでトロフィートラウトを狙っている。私が幼いころのサウスプラット・リバーは下水が注がれる水路と考えられていて、釣り場と認識している人は絶無だった。しかし時代は変わった。

都市部の河川だからといって、山奥の釣り場と釣り方が変わるわけではない。やはりストラクチャーと変化が重要だ。山岳渓流の水没した岩の代わりに、川に転落した車の残骸や、捨てられた冷蔵庫や電子レンジがあり、支流の代わりに、排水パイプから水が落ちてくる。魚にとって冷蔵庫と岩は、形状と色が異なりながらも身を隠すことのできるストラクチャーであり、排水といえども、水が落下してくるところでは酸素が供給されるのだ。もしあなたの地域に川や小川が流れているなら、そこには魚がいる可能性がある。そして魚がいるところには釣りのチャンスがある。トラウトだけが魚ではない。今度通りかかったら立ち止まって魚を探してみよう。―ＣＨ

137　ティペットは斜めに

フライタイイングにおけるカットの基本が、斜めカットであることは85の「斜に構える」で紹介したが、じつは釣りの現場でも同様だ。ベテランでも意識している人はさほど多くないと思われるが、フライを交換するときのティペットのクリッピングは、斜め45度でおこなおう。これはプロガイドのテクニックの一つだ。ティペットの先がとがっていると、アイに糸を通すのが驚くほど速くなる。年齢とともに視力が衰えることは仕方がない。フライのアイにティペットを通すための時間は年齢に比例する。だからこそティペットの斜めカットを有効に活用しよう。

３Ｘであろうと６Ｘであろうと変わらない。ティペットをクリッピングするときに手首を少し回転させて45度の角度でカットするだけだ。ティペットのとがった先端がフックのアイを見つけてくれる。クリッパーを使う角度や位置は、ベテランの釣り人ほど体に染みついてしまっている

はずだから、ティペットを持つ方の手首の角度を調整した方がやりやすいと思う。―KD

138　ウェイトなしのストリーマー

ストリーマーやニンフの釣りでは、なによりもフライを流す水深が重要であることを、『レッドブック』では、念を押しすぎるくらい押してきた。スプリットショットの重量で深度を調整するのがもっとも簡便な方法ではあるが、ここではやや面倒だけれども、もう少し洗練された方法を紹介したい。

ビーズヘッドフライ用のビーズを各種（大きさや形状や色や素材）用意しておき、フライを結ぶ際にティペット側に通しておき、フライから50～70㎝のところでパーフェクションループを作る（キャスティング時に、それ以上手元側にビーズが移動しないように）。こうすると、ビーズヘッドではないニンフやウーリーバッガーを、釣りの現場で即席ビーズつきに改造できる。スプリットショットと比べた場合の長所は、ビーズの色と形状と大きさを状況によって現場で変えられることで、ウェイト別にビーズヘッドつきフライを巻く必要がなくなる。キャスティング時には、スプリットショットを使うときのギクシャク感がなく、ティペットが絡みにくい点もいい。短所はスプリットショットのように、簡単につけ足しできないことで、フライを換えるようにしてビーズを交換しないとならない点だ。

またまた繰り返させていただく。スプリットショットでもビーズでもどっちでもいい。フライを沈めるには、あなたが思っている倍のウェイトが必要だということを忘れないで！　―ＣＨ

139　パーフェクションループ

パーフェクションループがソルトウォーター用のフライを結ぶためにあると思っているトラウトフィッシャーが多いが、＃20以下のミッジや小さなニンフをティペットに結びつけるにも最適な方法だ。フライが小さくなればなるほど、ティペットの太さとフックアイの大きさが接近してくるため、フライの動きがティペットの太さに影響されるようになる。結束部が固定されずに、アイを支点にフライが可動するパーフェクションループであれば、自然な流下を演出できる。―ＣＨ

140　コストセービング

フライショップの友人には申し訳ないが、日々の消耗品を安くあげて、遠征のための資金をためる方法がある。①クリッパーの代わりに、１００円ショップで売っている小さな爪切りを使う。クリッパーよりも安くて、かつ長持ちする。②ドラッグストアのどこでも売っている「Hard As

Nails」（訳注：サリー・ハンセンという化粧品メーカーの商品。アメリカでもっとも安価で一般的なネイルコーティング剤。日本の100円ショップにも似たものがある）をタイイングのヘッドセメント代わりにする。③フロータントにハンドローションとライターオイルを混ぜたものを使う。④ジップロックに米を入れて、大きなドライフライを乾燥させる。—KD

141　20分ルール

私には渓流でトラウトを釣るときのシンプルなルールがある。渓流沿いにトレイルがある場合、釣りを始める前にトレイルヘッド（訳注：パーキングのあるトレイルの入り口）から最低20分は歩くようにしているのだ。

　釣り場に着いて水面を見れば、釣りたくなるのが釣り人のサガであり、ラクをしたいのは人間のサガだ。従ってパーキングから近ければ近いほど、魚は釣り人にスレている。遠くに行けば行くほど釣れる確率が上がっていく。

　私はイエローストーン国立公園でよく釣りをする。毎年約15万人以上の釣り人が公園内で釣りをする。ファイヤーホール・リバー、マディソン・リバー、イエローストーン・リバーなどの有名な川には世界中からたくさんの釣り人が訪れ、そこで泳ぐ魚たちは1日に100個以上のフライを目にしていることだろう。北東部にあるラマー・リバーの支流、スルー・クリークも人気スポットで、連日数多くのフライフィッシャーが訪れている。ここにはパーキングからすぐのメドー（ナンバー0メドーと呼ぶ人もいる）、第1メドー、第2メドー、第3メドーと呼ばれているポイントがあり、それぞれのメドーの間が1時間ほど離れている、典型的なハイク&フィッシュの釣り場だが、見事なくらいパーキングからの距離と魚のスレ具合が比例している。

歩けば歩くほど魚が釣れる確率は高まるし、健康にもいい。一石二鳥でフライフィッシングを楽しもう！　—ＣＨ

142　10秒ルール

釣った魚の写真を撮りたいあなたの気持ちはわかる。そんなあなたにとって耳の痛い話になるかもしれないが、我慢して聞いてほしい。釣った魚の扱いについて、トラウト・アンリミテッドの科学チームからの最新の提案があった。それが10秒ルールだ。最小限のハンドリング、最大10秒のエアタイム（魚を水の外に出している時間）、その後の手早いリリース。

魚の口が水の外に出た状態で10秒以上水辺に横たわらせると、あなたは死のカウントダウンを始めたことになる。短時間で魚の写真を撮ることはプロフォトグラファーでも難しい。最近はＳＮＳへの投稿目的にスマホで写真を撮る釣り人が増えている。釣った魚の自慢は釣り人のサガで今に始まったことではないし、魚拓に比べればリリースがどれだけマシかしれない。しかしながら、水辺で5分以上も浅瀬に魚を横たえたまま写真や動画を撮るのは、水責めで西側のスパイを半殺しにするＫＧＢの逆バージョンであることを理解してほしい。念の入ったことには、「吐け！吐けばラクになるんだ！」とばかりに、空中であえいでいる口にストマックポンプを差し入れる釣り人さえいる。私の目に、そんな彼らは変態科学者に見える。

キャッチ&イートがあなたのやり方ならそれでいい。しかし、もしリリースがあなたのポリシーならば、魚を絶対に殺さないようにしなくてはならない。ＳＮＳの「いいね！」の数の裏側には、写真撮影で弱りきった魚が、腹を上にして下流で浮かんでいる姿がある。魚を水の外に出すのは、10秒が限界であることを肝に銘じよう。―ＫＤ

143 一番大切な道具

ウェスト・イエローストーンで「ブルー・リボン・フライズ」を経営していたクレイグ・マシューズとジョン・ジュラセックの二人は、今やフライフィッシング界のアイコンとなっている。イエローストーン地域での釣りに関する知識と技術を越える釣り人が今後現れるとは思えないほど、彼らの知見は卓越している。

ある秋、アイダホ州アイランド・パーク（ウェスト・イエローストーンから約30分）で開催されたフライフィッシングセミナーに参加したときに、クレイグが受講生たちにしていたアドバイスが忘れられない。

「ショップを経営している頃、仲の良い常連カスタマーに一番大切な道具はなに？　と聞かれることがままあって、そんなときには私は次のように答えていました。心の底からフライフィッシングが好きで好きで仕方ないのなら、なにより大切にすべきは自分の体です。釣りができなくなったときの自分が想像できないから、私は徹底的に体を鍛えています。都会とちがってイエローストーンにはジムはありませんが、その代わり体を鍛えるためのフィールドがあることが、とても幸運だと思っています。釣りをしないときは山を歩き回ります。一番大切な道具は自分の体なんです」

クレイグは自分の言葉どおり、70代とは思えない、ほれぼれするほどしっかりした体型を維持している。もし、あなたがこれからもずっとフライフィッシングをつづけたいと思っているのならば、道具にお金をかけずにジムに投資した方が賢明かもしれない。―CH

144　パワーゲームにロッドはいらない

トラウトフィッシングでは、魚がかかったらロッドを高く上げることが推奨されている。魚を水面上に浮かび上がらせて空気を吸わせ、体力とともに戦う気力をなくさせるためだ。トラウトが大きくなるにつれてファイト時間が長くなるが、その際にはサイドプレッシャーをかけることで体力を奪っていく。ロッドを曲げずに、魚とダイレクトにラインとリーダー、ティペットだけで、綱引きのようにファイトすることはありえない。

初めてターポンフィッシングをしたとき、私は１２０％トラウトフィッシャーだった。ガイドしてくれたアル・ケラーはフロリダでも屈指のフィッシングガイドで、私は幸運にも人生で最初のターポンをかけた。そのターポンがボートの目の前で垂直に海面に飛びだし、水面にその身を叩きつけたとき、グランドピアノが落下したかのような猛烈なごう音が響き渡った。ファイト中、アルは私にロッドティップを下げろ、ロッドティップを下げろと連呼したが、私は逆にロッドティップを上げてはポンピングを繰り返した。マングローブの根の方角に魚が泳いでいったときも、私はロッドを立てて魚を止めようとした。しかし魚は止まらなかった。そしてバレた。

人生が終わったかのような絶望感を味わいながら、肩を落として桟橋に下りた私をアルは呼び止め、私のリールからラインとリーダーを引き出して手首に巻いた。

「ロッドを使って、オレを釣ってくれ」

私はロッドティップを上げて力を込めたが、ロッドが曲がるだけでアルは１㎜たりとも動かなかった。

「今度はロッドを使わずに、リーダーとラインでオレと綱引きをするように引っ張ってくれ」

私はすぐにリーダーがちぎれると思っていたが、アルの上半身がぐらりとこちらに揺らいだ。アルは手加減したのではなかった。信じられないことに、ビッグゲームではロッドを使って魚とファイトしてはならないのだった。ラインとリーダーだけで魚とやりとりすることが、魚の体力を失わせる最大の方法なのである。慣れないトラウトフィッシャーには相当抵抗があるだろうが、サーモンにも有効な方法だ。―KD

145　ライズを釣るために、ライズを探さない

釣り場に着いて、準備をすませて水辺に立ったら、まずなにをするだろうか。トラウトフィッシャーならたいがいは水面を見つめて、魚の気配を探るのではないか？　あるいは周囲を見回して、羽化している虫の有無を確認するかもしれない。そしてライズを見つけると、羽化があろうがなかろうが、すぐにロッドを振りたがる。私の見るところ8～9割方のフライフィッシャーがこの行動を取る。その川がホームウォーターで、魚が捕食しているものがなにかわかっているならそれで問題はない。しかし、もしそうでないなら、水面を見つめる前に周囲の草むらや木々の葉裏をチェックしよう。

たいがいのフライフィッシング入門書には、今書いたような「釣り場に着いたら、石を裏返したり、木々の葉裏を確認して、トラウトの捕食物の見当をつけよう」といった内容の記述がある。フライフィッシングは自然科学に寄り添ったスポーツだから、観察がとても重要なのだ。ベテランの読者は、「そんなこと、わかってるよー」と言うかもしれない。確かにビギナーに向けるよ

うな常識的なアドバイスかもしれない。しかし、現実はといえば、水面を見る前に周囲の草むらを確認する釣り人は圧倒的少数派だ。だからこそ、あえてアドバイスしたい。とても簡単なことだ。順番をまちがえないようにするだけである。

釣り場に着いてまずやることは、水面に背中を向けることである。水量や水色は重要だから、一瞥《いちべつ》するくらいのことはしてもいい。けれども水面を見つめて魚やライズを探してはならない。すぐに背を向け、周囲の木々の葉裏を観察したり、バサバサと木々の枝を揺らしてみよう。大半のケースで、魚の捕食物はそこにいる。釣り始める前に、虫の大きさ、形、色を自分の目で確認することで、劇的に釣果が上がる。見ることはとても重要なことなのだ。

私がここで問題にしているのは順序の問題である。あなたはこういった観察を、ライズを見た直後にできるだろうか？　ピュアリストの多くは「ライズを釣るために生まれてきた」みたいな顔つきをして水面を見渡し、発見した瞬間にスイッチが入って、全身に電流が流れると、一切後ろを振り向かない。ピュアリストでなくても、ライズを無視して観察から始めるという手順を一から始めることができる釣り人は少ないものである。―KD

146　センセイ

もしあなたが本気でスキルの上達を望むなら、ときどきフィッシングガイドに投資することを強く勧める。フィッシングガイドに関しては、「ガイド」というタイトルが邪魔をして「秘密のポイントに連れていってくれる人」というように認識している人が多いが、彼らの実態は「フライフィッシング・センセイ」である。シーズンともなれば、休みなく毎日釣りをしながら、しかし自分ではいっさいロッドを振らず、クライアントに魚を釣らせる。楽なクライアントもいれば手間のかかるクライアントもいるし、雨の日もあればピーカンの日もある。くる日もくる日も「魚を釣らせる」ことを考えている彼らには、必然的にさまざまな状況に対応できる能力が発達する。彼らは知識と経験の塊なのだ。ガイド一人一人がそれぞれ別な発想から別な回答を見いだし、それぞれが個性的な解決策を持っている。そんな解決策を知るためだけでも、フィッシングガイドに投資する価値はある。いつもソロで釣っているとなかなか新しい発想が生まれないし、決まった友人と行ってばかりでは、知見は二人の枠を越えていかない。もし本気でスキルアップをしたいならば、新しいロッドの資金をフィッシングガイドに投資することを勧めたい。新しいロッドを買ったところで釣果が上がる見込みは……。―CH

147　手のひら返し

ドライフライにトラウトが食いついたとき、大半の釣り人はロッドティップを上に上げて合わせを入れる。教科書どおりだ。まちがってはいない。しかし、合わせ損なったときに、勢い余って後方上空の枝に引っかけてトラブルを誘発してしまうことが少なくない。これは木々に囲まれた小規模なクリークなどで、多かれ少なかれ大半のフライフィッシャーが経験しているはずだ。合わせ損なったときは早く次のキャストをと気持ちは急くけれども、フライだけではなくリーダーごと枝に絡まっているケースが多いために、リーダーシステムの復旧までに時間がかかることが多い。1回フライに出た魚への次のキャストは時間を空けた方が賢明なので、まあ、それはそれでいいのかもしれないが、トラブルはないに越したことはない。合わせを入れる際にロッドを真上に上げるのは人間の反射にかなった方法だが、周囲に障害物がある釣り場ではふさわしい方法とはいえない。そんなクリークで釣りをすることが多い人には以下の方法を勧める。

合わせの際にロッドを上げず、利き手側の手のひら側が見えるくらいまで体の外側に向かって鋭く、一気に大きく手首を返す（大きな写真集をめくるときのように。ただしスピードは電光石火で）。この方法だと、ロッドティップが水面上で半円形の弧を描き、合わせ損なったときに戻ってくるライン、リーダー、フライが下流側に飛んでいく。従って後方の周囲の木々を引っかけることがない。慣れると元には戻れないほど効率的な、上級者にお勧めのテクニックだ。―KD

148

飼い犬のリードを引っ張るように

コロラド州サウスプラット・リバーの名ガイド、故トム・ウィットリーは、ランディングネットに向かってトラウトを引き寄せる最終盤は、ロッドティップを低くした方が有利だと信じていた。もちろん、高い位置でファイトすることもできるだろう。しかし私は、トムがロッドティップを水面近くに落として、魚をランディングネットの方に誘導するようにアドバイスすることで、多くの顧客がビッグフィッシュをバラさずにキャッチするシーンを何度も目撃した。私の目には、そのシーンがまるで鎖につながれた犬の散歩を見ているようなイメージで残っている。

もう一つトムからかけた魚をネットイン直前でバラさないためのアドバイスがあって、それは、ロッドとラインの角度を極力90度以上に開いておくというものだ。キャッチの際、魚が十分弱る前にロッドを体の後ろ側に傾けすぎると（ラインとロッドが作るアークが90度以内になると）、テンションが強まりすぎて、ほんの少しの反動でバレてしまうというものだ。魚をすくってくれるガイドや友人がいないときには無理な方法だが、ネットを使わずに魚を岸に寄せる「ビーチング」ならば可能だ。大きな魚は体重も加わってさらに負荷がかかり、手元でバラしやすい。無理にネットですくおうとせず、浅瀬に寄せるランディングをこころがけよう。―KD

149

ロッドの番手について

アメリカで販売されているフライロッドの75％以上は9ft、5番である。ドライフライをフィーリングよく投げられるだけでなく、同時にウーリーバッガーを投げたいときにも投げられる力強さも兼ね備えているからだ。つまりさまざまな状況に対応できる、万能ロッドが売れ筋ということになる。

しかしそんな買い手の思惑とは別に、セージのロッドデザイナーであるジェリー・シームは、ロッドを選ぶ際には、キャストするフライの種類で数本を使い分けるのが理想的だと言っている。その日の釣りがカゲロウやカディスのドライフライになるとわかっている場合は4番を使う。何が起こるかわからないときは5番を持っていく。風が強く、かつ大型のテレストリアルを投げるときは6番というように。

多くの人がロッドのサイズはフライではなく、魚の大きさに合わせる傾向があるなかで、本来はフライのサイズに合わせるべきだというジェリーの理屈は理解できる。問題は、おなじ番手でもメーカーによってアクションがちがうことだ。ジェリーの理屈、もしくはビジネス上の思惑に反して、ユーザーはおなじ長さのおなじ番手のちがうメーカー製を求める傾向があるのかもしれない。いろいろなメーカーのロッドを使ってみたい気持ちは痛いほどわかるが、道具としてのラインナップを考えると、気に入った一つのメーカーに統一する方が合理的ではある。―KD

150

ドライフライをドライに

これは初歩的なことのように思えるかもしれないが、私は多くのベテランフライフィッシャー

（ガイドでさえも）が、フライを乾かさずにフロータントを塗るシーンを数多く目撃してきた。覚えておいてほしい。完全に水を吸ってしまったフライにフロータントを塗ると、逆に内部の水分を閉じ込めてしまい、フライが早く沈むようになってしまうという事実を。

わかっているだろうが、もう一度基本を思いだそう。①フォルスキャスト、もしくは口でフライから水滴を吹き飛ばす。②セーム革、アマドゥ、もしくはティッシュなどで残りの水分を拭き取る。③パウダー状の乾燥剤の容器に入れてシェイクし、完全に水気を飛ばす。④フロータントを塗る。

必要な時間は2分以内だが、ついつい面倒で手順を飛ばしてしまう人が多い。ドライフライは目に見えていることが何よりも重要だ。あるいはライズを目の前にして一刻を争う気持ちが強くなってしまっているのかもしれないが、逆に落ち着いてティペットを交換したり、フライをメンテナンスしたり、委細をチェックするべきタイミングであることを思いだそう。—CH

151　ドリフトボートのルール

ドリフトボートで他のフライフィッシャーと一緒に釣りをする場合、二つの重要なルールがある。もしあなたがへさき側にいたなら、あなたは前方にキャストしなければならない。もし仮にあなたがオールロックより後方にキャストした場合は、とも側にいる釣り人のテリトリーを侵害していることになる。とも側にいる釣り人は、釣り全体を俯瞰《ふかん》してマネージする役割が与えられている。従って、前方の釣り人のキャストのタイミングを見計らって自分のキャストをしなくてはならない。従って、ラインが交差したり、リーダーが絡んだりした場合、それはともに座った釣り人の責任となる。従って、経験差がある二人の釣り人が同舟する場合は、経験が豊かな釣り人がとも側に位置するべきだ。―ＫＤ

152 トラウト用のリールにディスクドラッグは必要か？

フライフィッシングがソルトウォーターにまで領域を広げ、対象魚が増えるに従って、メーカーはフライリールの性能を向上させてきた。しかしながらトラウトフィッシングに関する限り、ディスクドラッグ、素材の軽量化、剛性化などの技術的な革新はほとんどなんの役にも立っていない。2世紀をまたいで、単なるラインの格納庫でありつづけるトラウト用リールの唯一の進歩はラージアーバーで、この発明はこの２００年のトラウト用リールにおけるスマッシュヒットだった。

結論を言おう。高機能リールなんて必要ない。40㎝クラスのトラウトとディスクドラッグでやり取りする場面なんてありはしないのだ。例外は50㎝以上の大型トラウトを狙うときだが、かならずしもドラッグシステムが必須というわけではなく、あったほうがトラブルが少ないという程度のことだ。高級トラウトリールは、所有欲を満たすために存在しているのである。―ＫＤ

153 ソルトウォーター用フライリール

トラウト用のリールとは真逆に、ソルトウォーターにおけるフライリールは、ゲームの核心と呼びたいほど重要なアイテムとなる。ライン、そして長大なバッキングを格納するキャパシティが必要とされているだけでなく、ドラッグの信頼性、そして海水への耐久性が求められていて、トラウト用のリールと姿形は同一ながらも、まるっきり別な道具と考えた方がいい。ターポン、パーミット、ボーンフィッシュ、GTなど力強いソルトウォーターの魚は、フライフィッシャーのギアを性能の限界まで追い込む。

前項同様に、結論をはっきりさせよう。ソルトウォーター用リールの投資をケチってはならない。これが結論だ。フライフィッシングに関する昔からの名言、「投資しただけの見返りはある」を信じて、安物には手をださず、慎重に高品質のリールを見定めよう。ついでに言っておくが、海で釣りをした後のリールの手入れは1日たりとも怠ってはならない。1日の釣りの終わりにリールを真水の流水でしっかり洗うことで、リールを長持ちさせ、良いコンディションを保つことができるのだ。

多くのフライフィッシャーは、ソルトウォーター・フライリールを海水に浸けても問題がない、いわゆる海水プルーフだと思い込んでいるが、じつはそんなリールは一つもない。ボーンフィッシュやパーミットをホールドし、フライロッドを海水に浸して、満面の笑みを浮かべたニコパチ写真が世にあふれているが、あとで泣くことのないよう、海水に沈めてしまったフライリールは徹底的に真水で洗おう。海水たっぷりのフライラインを巻き取るのだからリール自体が海水プルーフだと思い込んでしまいがちだが、意外なことに、ソルトウォーター・フライリールを海水に浸すことは、本来はやってはならない行為なのである。—CH

154 ロッドトライアル・マジック

ロッドを購入する際には、店内で軽く振ってみるだけでなく、可能な限り、じっさいにリールを装着して振ってみることを強く勧める。これは多くのロッドメーカーが言っている事実だが、ラインを乗せてみると評価が一変することがままあるのだ。

そして試投の際には、かならずいつもキャストしている距離でロッドの具合を見よう。トラウトフィッシングでは、おそらくその距離は長くても10m前後であるはずだ。これは大半のトラウトフライフィッシャーにあてはまる不思議な傾向なのだが、試投となると、いつもキャストする距離よりも遠くに投げたがる。釣り場ではほぼ使わないダブルホールで、どれだけ遠くに投げられるかを試す人も少なくない。トラウトフィッシングで20m投げられるかどうかなんてどうでもいい。遠投は百害あって一利なしだ。

ロングキャストの試投は、買い手にさらに悪い判断をもたらす恐れがある。それは数本のロッドを比較する際に顕著で、いつもは投げない距離をスムーズに投げることができるロッドを選択してしまう不思議な傾向があるのだ。釣り場で90％することがないダブルホールをしてスムーズに遠投ができるロッドを、なぜか「良いロッドだ」と思い込んでしまう。これはフライフィッシャーの3大不思議の一つで、おそらくはビギナーの頃に常に頭にあった「遠くに投げたい」願望がトラウマになっているのではないだろうか。

自分の脳にだまされないようにするために、いつも投げない距離での試投は封印し、いつものレンジに限った距離だけで試す方が身のためだ。—KD

155　汚れた帽子のクリーニング

フライフィッシャーの帽子はその釣り人のアイデンティティーの象徴であり、帽子を見ればその人の釣りが見えてくるものだ。キャップが好きな人、カウボーイハットにこだわる人、パナマハットを乗せる人、ハンチングしかかぶらない人、テンガロンや麦わら帽子を選ぶ人。それぞれの釣り人がそれぞれのセンスと好みで帽子を選ぶ。自分の身につけるものだから、ロッドやリールやラインなどの道具とちがって迷いがない。

帽子はアイデンティティーだからこそ、気に入ったものをずっと使いつづけたいところだ。しかし種類にかかわらず、帽子は汗を吸収しつづけ、炎天下や大雨のなかでも常に使用されつづけ、フロータントを触った手でつかまれたり、魚をリリースした指で触られて、汚れる宿命にある。

私のように、どんなに古くても、どんなに汚れていても、気に入っている帽子をかぶりつづけたいという人も少なくないと思う。気に入っているからこそ、汚れたり、臭くなったりするのだから。だから、あきらめてゴミ箱に捨てる前に、次の方法を試してみてほしい。

洗濯機ではなく、ディッシュウォッシャーを使うのである。洗濯用の洗剤ではなく、食洗機用の洗剤を入れ、終わったら自然乾燥させる。食器の油汚れの程度は、衣類の油汚れとは比較にならない。私はこの方法でお気に入りの帽子を20年以上使いつづけている。―ＫＤ

156 フライフィッシング業界の常識

今日では、世界中には生活必需品から嗜好《しこう》品まで文字どおり無数の商品が流通し、スマートフォンに触れるだけで、翌週には地球の裏側からモノが届く。便利この上ない時代だが、情報が氾濫《はんらん》しているだけに、モノを選択することが難しくなっている。しかしながらフライフィッシングの世界に限っていえば、そこには昔ながらの一つの鉄則がある。ワインやウイスキーとおなじように、品質が価格に比例しているのだ。簡単に言えば、高価格高品質、低価格低品質ということになる。私はいつだって掘り出し物に誘惑されるし、ときどき満面の笑みを浮かべるような品に巡り会うこともある。しかし、それは例外中の例外だ。一般的に言って、フライフィッシングの道具や用具に関しては、払っただけのものしか手に入らない。多くのフライフィッシャーにとって価格帯が重要なのはわかる。ロッド、リール、ウェーダー、ブーツ、バッグなどに数万円、十数万円もつぎ込むのは、フライフィッシングの醍醐味《だいごみ》とは言いがたい。しかしながらほとんどの場合、品質と性能は価格に比例している。

数年前にパタゴニアに行ったとき、私は安く売られていたダブルコンパートメントの旅行用ダッフルに道具を詰めた。フィッシュポンドやオービスのような有名ブランドの商品よりもかなり安かったので、掘り出し物を見つけたと思ったのだ。手短に言えば、ブエノスアイレスまでのフライトでバッグは崩壊し、到着時にはすべての道具が散逸しないようにビニールで包まなければならなかった。そしてサンマルティンに着くと新しいダッフルに大金を払った。

このインフレ時代にお金がかかるスポーツをやめられない自分を呪って、これからもせっせと働くしかなさそうだ。―CH

157 合わせのタイミング異説

ドライフライフィッシングでは、大きな魚ほど合わせのタイミングは遅らせるというのが常識だが、タスマニアのフィッシングガイド、ダニエル・ハケットは「水深」も重要だと言う。深いところから上がってきたトラウトは遅めに、シャローの魚は早めに、というわけだ。この説には思いあたるフシがある。トラウトの種類によっても、合わせのタイミングを変える、というのはよく語られる通説だが、これはつまるところトラウトによって、つき場がちがうからではないだろうか。カットスロートの合わせはゆっくりと、というのは、ちまたで言われるように動作が「トロい」からではなく、どちらかというと淵で群れたがる習性をしていることが関係しているかもしれない。―KD

158　ウェーディングスタッフは不可能を可能にしない

少し前、私は腰の手術を受けた。外科医は骨の間にスペーサーを入れ、背骨に6本のネジを打ち込んだ。回復には時間がかかり、大変だったが、数週間のリハビリ後にアイダホのクリークに直行し、自信を取り戻してからイエローストーンに向かった。

それまでウェーディングスタッフを使う習慣はなかったが、手術後は友人の勧めで使い始め、こんな優れものをどうして今まで使ってこなかったんだと思うほど気に入ってしまった。それまで、ややヒヤヒヤしながらギリギリで徒渉していた箇所がラクに渡れるのだ。私は手術を怪我の功名と思い決め、今ではほぼ常にウェーディングスタッフを携行している。注意したいのは、渡れなかったところを渡るための道具ではなく、渡れていたところをラクに渡るための道具である

と認識することだ。—CH

159 ウェーディングスタッフとトレッキングポール

前項のウェーディングスタッフに関して補足したいことがある。それは必要とされている最低限の性能と先端の形状だ。ウェーディングスタッフを、前項に書いたような老人のためのものと認識している釣り人が多いせいか、ロッドやリールのような花形製品とちがって、販売数が少なく、従ってメーカーの新製品開発は遅く、選択肢が少ない。しかしながら、じつは登山用のトレッキングポールに代用できる高品質なものが少なくない。

ウェーディングスタッフを選ぶにあたって、一つだけどうしても妥協できない仕様がある。それはロック機構の有無だ。ウェーディングスタッフを一度でも使ったことのある釣り人ならわかるだろうが、先端が岩や石に挟まることが少なくない。あるいはぬかるみにハマってしまうこともある。そんな際、引っ張って抜こうとすると、ロック機構のないウェーディングスタッフだと、接続部分が外れてバラバラになってしまう。バラバラになるといっても、中空の本体のなかにはゴムやケーブルが通っているから、もう一度つなぎ直せばいいのだが、急流のなかでウェーディングスタッフがバラけてしまうのは一つの恐怖だ。そもそもこのアイテムの肝は「安心感」であり、ドキドキするようなウェーディングスタッフなら持たない方がかえって安全だ。引っ張っても抜けないロック機構が備わっていないウェーディングスタッフを買ってはならない。その点で、トレッキングポールにはロック機構がない製品は絶無だから心配ない。登山用のトレッキングポールをウェーディングスタッフとして流用する際には、ポール部分に余分な留め具などがない、すっきりとしたモデルを選ぼう。

ウェーディングスタッフのもう一つの重要な機能は、先端に装着するラバーの滑り止めの有無で、これは川のなかというよりも、滑りやすい岩盤の岸際をへつるときに重宝する。これも釣り用の大半のウェーディングスタッフとちがって、トレッキングポールにはラバーが標準でついてくる。やはり需要のある市場では、製品の品質向上が著しいのだ。―ＣＨ

160 ハッピーミディアム

フェルト底のウェーディングシューズはウォーリング・ディジーズやニュージーランドのマッドスネイルといった外来生物を持ち込んでしまう恐れがある。あるときから、私は基本的にフェルト底のウェーディングシューズを履かないことにした。イエローストーン国立公園がフェルト禁止になって数年経つが、公園内には滑りやすいクリークも少なくない。私はラバーソールにスタッドを打ち込んで履いている。完璧ではないが、これが現時点での私のハッピーミディアムだ。新しい金属ほど効果が高いので、高価な純正のものではなく、ＤＩＹショップで6角ネジを大量

に買って、ボックスドライバーとともにキャンピングカーのなかに常備している。—KD

161　ウェーディングスタッフの代わり

私はロッキー山脈の木々が生い茂るトラウトストリームが大好きだ。柳の甘い香りがするからとか、カディスやその他の水生昆虫が多いからという理由もあるが、じつは腰の手術以降、ウェーディングに関して以前より神経質になっているからだ。木々が川岸に立ち並んでいる川で、滑りやすい岩の上を歩くときは、迷わずに柳の枝を握って歩こう。何しろ地面に生えているのだから、自分で支えるウェーディングスタッフよりも頼りになる。—CH

162　プレデターはワイヤーで

ノーザンパイク、ブルーフィッシュ、バラクーダなどのプレデターフィッシュにはきわめて鋭い歯があり、どんなに強いモノフィラでも簡単にちぎってしまう。ブレイクを防ぐには今のところワイヤーがもっとも有効だ。とはいうものの、かつての私のようにノンワイヤー派が大勢いるのもわかっている。ワイヤーは数回使うと曲がってしまうし、リトリーブを乱しがちなので、敬遠されてきたのだ。

元ノンワイヤー派の私は、かつてパイクやバラクーダには重いモノフィラメントの「バイト・ティペット」を使っていた時期がある。ワイヤーなしでも成功したことがあったので、40ポンドのティペットであれば大丈夫だろうとタカをくくっていたのだ。しかし、とてつもない大きさのノーザンパイクにかみ切られた日以降、運を天に任せるのはやめた。

最近は、強度としなやかさを併せ持つ洗練されたワイヤーリーダーがある。鋭い歯を持つ魚を狙うのにワイヤーを使わない理由はない。少しだけ余分に投資して、ワイヤーを使おう。ひいてはフライの節約にもなるし、フライをくわえたまま泳ぎ去ってしまう不幸な魚も減る。―CH

163 釣友を失うな

南国の太陽の下、フラットで釣りをする場合、二つのことがかならず起こり、友人と釣っている場合は三つめが起こる可能性がある。

一つ目は汗をかくこと。二つ目は腰から下が濡れてしまうことだ。ここまではわかるだろう。しかし三つ目は意外かもしれない。それは臭いだ。乾きにくい素材のウェアを着て数日間フラットで過ごすと、いつからか同行の友人から「クセーな、勘弁してくれよー」というクレームが発せられるようになり、それまでの友人関係が破綻するきっかけになりかねない。大切な釣友を失わないためにも、フラットへの遠征には速乾性の衣服を持っていこう。―CH

164　寒冷地ウェアのＡＢＣ

アイダホのポカテロにあるポートヌフ・リバー・アウトフィッターズ（現スネーク・リバー・フライショップ）の元オーナーから、寒冷地、あるいは寒い日に釣りをするときのＡＢＣルールを教えてもらった。とてもシンプルで、忘れようがない。

「コットン以外なら何でもいい。コットンは吸水性があり、すぐには乾かない。その特性が寒冷地では文字どおり死活問題になる。高緯度、高標高にある寒冷地では、低体温症の予防は注意というよりは警告だ。ＡＢＣはルールであり提案ではない」（ＡＢＣ＝Anything But Cotton）。

――ＣＨ

165　フライラインのカラーについて

フライフィッシング界には、永遠に議論されつづけて、なお見解の統一を見ていない問題が少なくないが、ラインカラーもその一つだ。ニュージーランドにオレンジ色のラインを持っていくと、フィッシングガイドにリールを交換されてしまい、自分のものが使えなくなる。オレンジ色のラインは空中での視認性が高く、ドライフライには適しているが、キウイたちはトラウトからの視認性も上がると信じているのだ。ブルーリボンフライズの元オーナー、クレイグ・マシューズはかつてオリーブカラーのラインが出回っていなかった頃、すべてのラインの先端部分を油性のペンでオリーブに塗っていた。私は淡水ではタン、モス、ブラウン、グレーのラインを使う。ソルトウォーターではブルーかタンのラインを使う、どちらかというと地味派である。

結論のでていないトピックではあるけれども、理屈で言えば、リーダーが長ければ長いほどフライラインから魚が遠くなるため、カラーを気にする必要はなくなるはずだ。だからかどうか、ロングリーダー派には比較的派手なカラーを使っている釣り人が多い。ロングリーダーだからこそ、水面でのラインの位置を確認する必要があるからだろう。—KD

166 日焼け対策

私はイギリス諸島とドイツにルーツを持つ、絶望的に色白の白人だ。太陽は私の味方ではない。今はもう日焼け止めローションなしで釣りをすることはないが、若い頃の無理がたたって、今でも皮膚科通いが欠かせない。若き同胞たちよ、たまには老人のアドバイスを聞いてくれ。明日からとは言わず、今日から日焼け止めを塗る習慣をつけよう。外にでる予定のない日でも、1日中ゲームをしている日でも、紫外線は家の窓を通して、じわじわと君の皮膚をむしばんでいる。問題は、若いうちはその進行具合が目に見えないことだ。もし、今私が20代のフライフィッシャーであったなら、自分に次のように言い聞かせたい。「ロッドを買う前に日焼け止めを買え、リールを買う前に日焼け止めを買え、ラインを買う前に日焼け止めを買え、車に乗る前に日焼け止めを塗れ、釣りを始める前に日焼け止めを塗れ、ランチタイムに日焼け止めを塗れ、西日が頬を照らすようになったら日焼け止めを塗れ」。

SPF50+PA++++の日焼け止めであっても、1日に何度も繰り返して塗り直さないと効果は持続しない。私は日焼け止めの適切な塗布量を皮膚科医から聞いて、驚かないではいられなかった。半袖短パンの成人男子が1回につけるべき量は、ゴルフボール大のクリームやジェルだという。釣りはロングスリーブとロングパンツ、ウェーダーが基本だから露出部分は顔と首だけだが、それでも1回につき大さじ1杯程度の量を塗らなくてはならない。首から上もできる限りバフなどのサンマスクで覆うようにして、君の甘いマスクを守ってあげてほしい。—KD

167 ロッド製作の勧め

自分自身でフライロッドを製作することほど、ロッドに関する理解を深めるものはない。とはいっても、グラスファイバーやグラファイトのシートから自分でブランクを作り上げるというのは現実的ではない。ブランクを購入し、グリップのデザイン、スペーシング・チャートによるガイドの取りつけ、ラッピング、リールシートの加工とブランクへの装着など、「組み立てる」ことに価値があるという意味だ。

最初は完璧からはほど遠いだろう。初めて巻いたロイヤルコーチマンが醜かったことを思いだそう。コルクのサンディングからスネークガイドの取りつけまで、ロッド作りはちみつな作業の集積だ。しかし、サイズ#18のアダムスをタイイングすることができるならば、ロッドを組み上げることができると断言する。じっさい、さほど器用とは思えない私自身でさえ、これまでに何本ものロッドを作り上げた。自分でロッドを作ればお金の節約になる、自分だけのカスタム、パーソナライズができる、そしてなによりもそのプロセスが楽しい。自分で組み上げたフライロッドで釣ると、フライフィッシングの楽しみが深化するのだ。

しかも大半のメーカーはブランクを販売していて、アクションは完成品となに一つ変わりはない。これを有効利用しない手はない。リールシートのインサートから自分だけのカスタム・スレッドラッピングまで、あなただけのものにすることができる。そしてもちろん、タイイングや釣りと同様、やればやるほど上達する。さらにフライフィッシングを面白くしたい上級者にぜひともお勧めしたい。―CH

168 服のセンスは魚に聞こう

だいぶ以前のことだが、友人のコリー・フィッシャーと私はトラウト・アンリミテッドの打ち合わせでエニスに来ていて、会議が終わった午後遅くに、釣ったことのない小さな川で釣ることにした。明るく美しい夏の日だったので、会議に出席していたほとんどの人たちはビーチサンダルに短パン、Tシャツといった格好だった。私は赤いTシャツを着ていた。コリーは緑と金のチェックの半袖シャツを着ていた。私はコリーに、ひどいセンスのシャツだと言ったのをはっきり覚えている。

トレイルヘッドに車を止めて、1・5kmほど歩いたところで樹林帯に入り、やがてマディソン・リバーの支流にでた。クリークは思ったよりも規模が小さかった。

私が最初の小さなプールにウェーディングすると、小さなカットスロートが素早く身を隠した。「いるいる」と私はコリーに向かって笑いかけ、次のプールに移動したコリーは、静かに膝《ひざ》をついた。彼がキャストをすると、すぐにアグレッシブなカットスロートが小さなスティミュレーターに食いついた。私は彼がさらに2、3匹釣るのを見届けてから、上流に向かった。

夕方から釣りを始めたので、時間に限りがあり、私はコリーに半ダースの瀬とプールを残して、その先を釣った。釣れるには釣れたが、思ったよりも魚がスレていると感じた。私はさらに少しだけ釣ってから下流に戻った。コリーはまだ2番目のプールにいた。暗くなる少し前に車に戻り、釣果を比較し合った。私が釣った5匹に対して、コリーの28匹。とんでもない大差のゲームだ。

「下の方が良かったんだな」と言う私にコリーは、「いや、シャツのせいだと思う」と言って、自分のひどい柄のシャツに手をかけ、「人間に気に入ってもらえなくても、魚には気に入ってもらえたってわけだ」と笑った。

警戒心の強いトラウトを相手にする釣りでは、服装は重要だ。バックカントリーのトラウトでさえ、真っ赤なＴシャツを着た１８０㎝の男を見つけると、何かがおかしいと気づく。私は魚たちを侮っていたのだ。フラットでボーンフィッシュやパーミットを狙うときも同様である。今では私は、晴れた日には青か青緑のフィッシングシャツを着る。曇っていたらグレーかベージュのシャツを着る。―ＣＨ

169　ほんとうのナチュラルドリフト

ソフトハックルフライを使った釣りは、失われた芸術のようになってしまっているが、昔も今もその効果は変わらない。カディスの羽化時、産卵時には爆発的な威力を発揮することがあるし、イブニングにデッドドリフトでは食いつかないトラウトに使うと、あっけなく釣れてくることがままある。釣り方はダウンストリームのスイングが基本だが、流れに逆らった、いわゆる逆引きも悪くない。

ライズしているからといって、ドライフライのナチュラルドリフトがいつも正解とは限らない。カディスの羽化時、産卵時には、フライを動かすことこそがナチュラルなドリフトなのだから。重要なのは、私たちがやっているのがドライフライフィッシングではなく、ニンフフィッシュシングでもなく、ストリーマーフィッシングでもなく、フライフィッシングであることを、常に頭に置いておくことである。フライフィッシャーは方法にこだわるあまりに、思考が硬直化してしまうことがままある。ドライでダメならニンフ、ニンフでダメならソフトハックル、それでもダメならストリーマーというように、常に魚の状態に自分側を合わせることで、釣果は確実に上がっていくはずだ。―CH

170　忘却の河

パスカルは人間を「考える葦である」と言い、エビングハウスは「忘却の生物」だと言った。考える葦とは、まさしく岸辺で考えるフライフィッシャーそのものだが、しかし自然科学をよりどころにしているフライフィッシングで、忘却は困る。もしあなたがフライフィッシングを今後数十年、もしくは死ぬまでつづける気があるなら、釣行記録を残すことを強く勧める。特に、「最近、人の名前が出てこなくなったな」と思う年齢に差しかかったならば、釣りの前にフライを巻くように、釣りの後には記録を残そう。データベースを脳から外部ストレージに移行するタイミングなのだ。

釣れたときは釣れたフライを忘れるはずはないと思っていても、1年後におなじ川でデジャブのような状況になっても、脳内メモリーだけがバグにやられて、脳だけがデジャブについていけないということがままある。記録していれば、釣りに出かける前に去年はどんなフライで釣れたかを事前に知ることができる。自然科学を重視するフライフィッシングにおいては、データは記録すべきマストアイテムであり、大きな財産なのだ。―ＣＨ

171　地形図の重要性

昔ながらの紙でもいいし、デジタルでもいいが、釣りにおいて地形図（訳注：日本では国土地理院発行の2万５０００分の1地形図）はきわめて重要なアイテムである。慣れてくれば、現場に行かずともだいたいの川の様子が想像できるようになるし、最近は衛星写真もあるので、事前にどこがポイントなのか、おおよその見当がつくようになる。

また、人里離れた場所の初めて訪れる釣り場の計画を立てる際には、机上で目当ての川の全体像を確認して、入渓点、脱渓点の見当をつけることは必須である。重要なのは、もしも釣れなかったら（初めての釣り場ではありがちなことだ）、途中で脱渓できる地点があるのかないのか、可能性があるならどのルートか、素直に引き返すべきか、という選択肢を頭のなかに入れておくことだ。突然の雷雨や増水の際に、パニックにならないようにしなくてはならない。―ＫＤ

172　ライズを見たら

フライフィッシャーなら誰しも、目の前でライズが起こると興奮する。ライズを見たとき、あなたはまず最初になにをするだろう？

やるべきことはキャストすることでも、フライを換えることでもない。システムの点検である。ライズを発見するなり、すかさずキャストしたフライで合わせ切れした経験は誰にでもあると思う。はやる気持ちを落ち着かせ、立ち位置を決めたら、すぐにはキャストせず、まずはティペットの摩耗具合、フライの状態を確認することが大切だ。確かにライズには始まりがあり、終わりがある。しかし魚はたいがいの場合鷹揚《おうよう》で、ティペットを交換する程度の時間なら待っていてくれるものだ。準備をしている間に魚が別なヒントをくれることさえままある。ライズを見たあなたの真の対戦相手は魚ではなく、じつはあなた自身なのである。ライズを見たら、まずは自分を落ち着かせよう。―ＫＤ

173　ノットとフライの距離

フラットな水面でトラウトがライズしていてドライフライで狙う場合、ティペットのノットからフライを60~90㎝以上離すのが基本だ。これは、ライズしているトラウトが結び目そのものに気づくからではなく、結び目がマイクロドラッグを引き起こす可能性があるからだ。ロングティペットは、その長さによるドラッグフリー能力だけではなく、ノットをフライから引き離すことができる点でも、フラットウォーターにふさわしいシステムなのである。—KD

174 最強ノット

フィールド・アンド・ストリームのフィッシング・エディター、故ジョン・マーウィンは、トム・ローゼンバウアーとノットに関しておなじ意見を持っていた。

「ＸＸノットはＹＹノットより強いというようなことを雑誌で読んだり、動画で見たりしても、それをうのみにしてはいけない」

ブラッドノットがダブルサージェンスノットよりも強い結び方であるかどうかを判断するために、数多くのテストがおこなわれてきた。しかしながら、素材によって強度が異なってきたり、長さによっても変わったり、結ぶ人のちがいによる差があったりと変数が多すぎて、いまだに結論がでていない。トムの話によると、オービス社はノットテスト機の開発をしたことさえあるそうだ。で、そんなトムの現実的なアドバイスは以下のとおり。

「どんなノットでもかまわない。自分に合ったノットというものがある。強度があっても、結ぶのに時間がかかりすぎるノットは現実的ではないし、結びやすさは人によってちがうものだ。Aさんにはブラッドノットが最適かもしれないけれども、Bさんにはダブルサージェンスノットの方がいい、ということは大いにあり得ることなんだ。ただ重要なのは、釣りをする前にテストをすること。しっかり引っ張って、切れないノットが良いノット、それだけのことだ。他人の意見なんてどうでもいい。自分で引っ張ったときに切れなかった、という自信が魚をかけたときの戦い方に大きく影響するんだよ」。―KD

175 秋の荒食い伝説

もう一つ、トム・ローゼンバウアーから聞いた興味深い話があるので、ここで紹介しておこう。「秋にトラウトがストリーマーや大きなフライに食いついてくるのは、来るべき長い冬に備えているからだ、といわれているけどあれは迷信だよ。冬に食べ物が少なくなるのは事実だし、トラウトがじっと水底に定位して体力の消耗を抑えるのもまちがいないけど、グリズリーのように冬眠することはない。ブラウントラウトのような、秋に産卵モードに入るトラウトが大きなフライに食いつくのは食欲というよりは、産卵期特有のアグレッシブさによるものだ」。―KD

176　ティペットの接続（その1）

飛び級ができるのは天才少年少女だけで、フライフィッシャーはどんなに頭が良くてもティペットの飛び級接続はしてはならない。４年生の上は5年生に決まっているのだ。４Xに６Xを直接つないではならない。ターンオーバーの問題もあるが、合わせなどの唐突な力に耐えられないからである。「そんなことわかっているよ！」というベテランの皆さんに念のために言っておきたい。釣り場での失敗の大半は、わかっていることをやらなかった結果です。わかっていることと１００％実践することは別物ですよ！　―ＣＨ

177　ティペットの接続（その2）

トラウトフィッシングでのティペットに関して、最近よく質問されるのが、ナイロンとフロロカーボンの接続についてだ。このところフロロカーボンの人気が急上昇中だが、かなり多くのトラウトフィッシャーが、ナイロンリーダーにフロロカーボンのティペットを継ぎ足している。これは、以前はタブーとされてきた接続方法である。素材のちがう(もしくはメーカーのちがう)リーダー、ティペットを継ぎ足してはならない、というのが基本だからである。じっさいリーダーにはナイロンのしなやかさを、ティペットにはフロロカーボンの強さを与えるコンビネーションに意義があるとは思えない。本来、逆のはずだ。質問者に理由を聞いてみると、どうやらネックになっているのがフロロカーボンリーダーの価格らしい。消耗品であるリーダー1本に10ドルはふところに厳しすぎるというわけだ。

私は自分のふところもさることながら、地球にこれ以上のインパクトを与えたくないから、ビッグゲーム以外は基本的にはナイロンのリーダーとナイロンのティペットを使っているが、やってみないことには正確な回答ができない。で、検証してみた。結果はといえば、ほぼ問題なかった。ほぼというのはメーカーによって差が出たからだ。

結論：174の「最強のノット」にも書いたように、自分自身でいろいろなメーカーの組み合わせを試してみるしかない。ノットの種類によっても差が出るはずだし、新しい素材は日々進化しているから、今日の結論が明日変わるかもしれない。ただ、もし迷ったら異素材を組み合わせないという基本に戻ろう。―KD

178

ウェットウェーディングの勧め

膝下までのウェーディングが多い釣り場で釣りをするなら、ウェットウェーディングに限る。なんといっても爽快感が別格だ。初めて透湿素材のウェーダーを履いて釣りをしたときの感動は忘れられないが、ウェーダーを履かずに釣りをすると、毎回感動する。気持ち良すぎて、本来ウェーダーを着用すべき釣り場でウェットウェーディングをしてみたが、これは失敗だった。アンダーウェアまで濡れてしまうと、乾きの速度が目に見えて遅くなる。やはりＴＰＯというものがあるのだ。ウェットウェーディングで重要なのは膝から下のプロテクションで、これを怠ると文字どおり痛い目に遭う。最近は水が浸透しない防水のウェーディングソックスが市場に出回っていて、これは中高年フィッシャーに限らず、長時間のウェーディングには大きな味方である。女の子のお尻を追っかけて、１日中プールやビーチにたむろしていた頃だって、丸１日、足を濡らしたままのことなんてなかったよね。―ＣＨ

179 魚になってわかること

ここでは私がスキューバ装備で川に潜って得た情報を紹介しよう。

・急な動きをしなければ、魚のすぐ近く（ほんとうに手の届く距離）まで、近寄ることができる。
↓釣りには関係ない（笑）。

・トラウトをもっともおびえさせるのは頭上の影と動きである。↓魚の上にフォルスキャストをするときは、常に太陽の位置を考慮しよう。

・優れたニンフフライフィッシャーでさえストライクの50%を見逃す。↓すべてのあたりを検知することは不可能。

・ほとんどのトラウトは、ニンフフライを食べるために垂直方向に1m以上動くことはない。↓ニンフの釣りは重さと深さがすべてである。

・ヤーンインジケーターは、玉ウキ型インジケーターよりも自然に見える。着水時の音や波紋も小さい。

・水面をカヤックやボートが通過したとしても、数分で通常の定位位置に戻る↓ラフティングなどのトラフィックが多い釣り場でも、それほど気にする必要はない。

以上であるが、素直な感想として、トラウトはフライフィッシャーが認識しているほど神経質な魚ではないと思う。ストーキングなどの基本的なアプローチを守ってさえいれば、たいがいの場合、勝負になる。―KD

180 百害あって一利なし

インジケーターがニンフフィッシングにおける、効果的なアイテムであることは認める。ビギナーに魚の引きを感じてもらい、フライフィッシングに興味を持ってもらうのにはもっとも手っ取り早く、かつ効率的な方法だと思う。ただ私は、数多くの水中での観察で、賢い魚がインジケーターを動かさずにニンフフライを吸い込み、その一瞬後に吐き出す様子を見すぎてしまった。水中での動きは鳥たちの目にとまるし、余分な動作でエネルギーを費消させたくないからだ。大きなトラウトほど、体を動かさずに水中のものを食べる。大きくて強ければ、ベストポジションに定位することができる。そんなトラウトに対して、インジケーターを使ってアタリを取るのは至難だ。かつ、大きなインジケーターはワイルドトラウトにとっては、「今、ここに釣り人がいます」と表明しているような逆効果さえある。だから私は、よほどのことがない限りインジケーターは使わない。まぐれ当たりを狙うのは趣味ではない。大きくワイルドなトラウトを釣るためにもっとも有効な手段は見釣りだ。水中に定位して捕食活動をしている魚を探すことが先決で、魚を見つけることでキャッチの確率は倍増する。―ＫＤ

181　見釣り用ニンフフライ

トラウトが水中に定位して、捕食活動をつづけている場合、セレクティブであることはまれで、１１７の「疑わしきは合わせよ」に書いたように、食べられそうなものを手当たり次第口にして、食べ物でない場合は吐き出すということを繰り返している。従ってたいがいの場合、フライの選択は重要ではない。小さめのフェザントテールニンフ１本あれば事足りる。―ＫＤ

182 あえてフィーディングレーンを外す

魚が見えている見釣りで、インジケーターを使わず、リーダーにもでない微弱なアタリを取る最善の方法が、スキューズが言うところの「白いまばたき」であることは『レッドブック』に書いた。「白いまばたき」とは、トラウトが食べ物を口に入れる際に大きく口を開けるため、白い口内が見えることを利用して、その瞬間に合わせを入れるという方法だ。この方法は、もちろん今でも見釣りにおける合わせの最適解だが、一つだけ問題がある。それは魚の後方からアップストリーム、もしくはアップクロスで釣っているときに、口が見えないことである。あるいはアップストリームでなく、ダウンクロス気味で流すときでも、トラウトはそうそう見やすい位置で釣らせてはくれない。この問題に対してジョン・ジュラセックがだした回答は、「フィーディングレーンを微妙にずらしたキャストをする」というコロンブスの卵的なものだった。フィーディングレーンにキャストすると、トラウトは動かずにただ口だけを開けてフライを吸い込み、釣り人が気づかない間にすぐに吐き出す。しかし、フィーディングレーンを少しだけ外すと、トラウトは捕食のために多少なりとも左右に動かなければならない。この左右にトラウトが揺れたときに合わせを入れるという発想だ。トラウトが捕食する気になる近距離でなくてはならないし、かといってフィーディングレーンでもいけない。じつに精密なコントロールが要求される上級者テク

ニックだが、これを覚えると釣果が段ちがいにアップする。―KD

183　グラスファイバーロッドの復活

子供の頃、私の釣り竿はすべてグラスファイバー製だった。テクノロジーの進化に伴い、釣り業界ではここ30年ほどの間に、グラス（ファイバー）ロッドは過去のものとなってしまった。しかしながら、少なくともフライフィッシングの世界においては、グラスロッドは過去の遺物ではない。この旧素材の信奉者たちは現代のハイスピード・グラファイトロッドをフライロッドとは認めておらず、高品質のグラスファイバーで作られた、より低速の古き良き時代のアクションを好む。じっさいのところ、進化した昨今のグラスロッドは、もはや重くてかさばることもない。特にスモールゲーム（1～4番のラインウェイト）の精密なコントロールが必要なシーンにはうってつけの道具となる。―CH

184　ワールド・ベスト・デスティネーション

1　ニュージーランド。壮大で美しく、特に南島では世界最高のビッグトラウトのサイトフィッシングが楽しめる。ほとんどのアメリカ人フライフィッシャーが予想しているよりも10倍難しい。ただし、サンドフライのタチが悪く、かまれるとかゆみと痛みが長引く。

2 タスマニア。これまで過小評価されてきたが、このところ人気急上昇中だ。浅い湖のトラウトが7ポンドのボーンフィッシュのようにクルーズしていて、ドライフライで狙える。

3 カムチャッカ。多くのアメリカ人フライフィッシャーが思い描いている「ロシア版アラスカ」は幻想だ。地球上のどこよりも、快適な環境から遠く離れている。しかしながら、世界最高のマウスフィッシングが楽しめる。人のプレッシャーを受けていないトラウトが、いかに簡単に釣られてしまうかを実験できる、地上最後の場所である。

4 アメリカン・ロッキー。いうまでもなく、アメリカの宝である。大きな魚が多い釣り場は世界各地にあっても、ロッキー周辺ほど虫の種類と量が多い地域はなく、マッチザハッチを中心としたフライフィッシングは、この地でしか経験できないパズルゲームである。

5 アラスカ。アラスカは広大で、地理的にも多様性に富んでいるため、「アラスカの真髄」ともいえる場所を一つに絞ることは不可能だ。どのサーモンシーズンも素晴らしいが、シルバーが遡上し、ニジマスがもっとも太る時期が一番好きだ。

6 アイスランド。これまで釣りをした場所のなかで、もっとも視覚的に魅力のある自然風景がある。ネイティブのブラウントラウトフィッシングではアトランティックサーモンとおなじか、それ以上の興奮が味わえる。あらゆるもの、特に食べ物や飲み物が高いのが玉にきずだ。

7 アマゾン。今日のアマゾンで釣りをすることは、100年以上前のアフリカの狩猟に匹敵する。アマゾンは探検的な釣りができる最後の、そしてもっともワイルドな場所だ。

8　ティエラ・デル・フエゴ。シーラン・ブラウンは、地球上のどこよりもここで繁殖している。ただし強風に注意。車のドアを開けた瞬間に、ドアが吹き飛ばされる土地はそうそうない。

9　パタゴニア。電話線、看板、舗装された高速道路を除けば、ノーマン・マクリーンが生まれ育った頃のモンタナがここにある。1月に夏を体験するのもなかなかいいものだ。

10　アイルランド。人々、文化、音楽といった釣り以外での体験が印象的だ。この地は魂を揺さぶる場所であり、特に遠くアイルランドにルーツを持つ釣り人にとっては、一度は訪れないとならない場所である。

11　バハマ。ボーンフィッシュを釣るなら断然ここ。アメリカ本土からとても近く、人々は優しく、フィッシングガイドが文化的に根づいて久しい。ここのボーンフィッシュは大きくなる傾向がある。

12　ベリーズ。魚はバハマより少し小さくなる傾向があるが、楽しみはまったく変わらない。パーミットを釣りたい場合はベリーズが最善の選択肢となるだろう。―KD

185　90ドルか９００ドル、あなたならどちらを選ぶ？

フライロッドメーカーは反発するだろうし、フライラインメーカーは喜ぶだろうが、あえて言わせてもらう。90ドルのフライラインは、９００ドルのフライロッドよりも、あなたのキャストを改善することができる。20年前のロッドにフライラインの新製品を組み合わせてキャストしてみれば、ちがいは一目瞭然である。この20年、フライロッドの進歩は足踏み状態だが、フライラインの進歩には目覚ましいものがある。９００ドルの投資と90ドルの投資と、どっちが得か考えるまでもない。—ＫＤ

186　グリップにビニールテープ

友人のアル・クアトロッキはカリフォルニアのサーフ・フライフィッシング・シーンにおけるパイオニアの一人で、ランニングラインやシューティングライン回りに関する深い理解と経験がある。私はモノフィラのランニングラインを使う際には、指を切らないようにフィンガーガードやバンドエイドをつけることが多い。このプロテクションの問題点は、ラインをロッドのグリップに挟み込もうとすると、ラインのブレーキコントロールが難しくなることだ。アルの解決策は、グリップの先端に絶縁用のビニールテープを数回巻くだけだ。ダクトテープのようにくっつかないし、ロッドを傷つけることなく取り外したり交換したりできる。さらに大きな魚とファイトするときには、効果的な「ブレーキパッド」にもなる。—ＫＤ

187　アナログ時代の忘れ物

さすがに最近は釣り場で、クレモナで編まれたランディングネットを見かけることは少なくなったが、ときどき海外からやってくるフライフィッシャーが背中にぶら下げている姿を見ると、タイムスリップしたような不思議な気分になる。フライフィッシングというスポーツは、この１００年間で確実に進歩してきている。それは魚を釣る道具や技術だけにとどまらず、スポーツマンシップやマナーも同様なのだ。ベテランが過去を懐かしむ気持ちはわかるが、万が一、クレモナネットを使っている人がいたら、古き良き時代のメモリーとして書斎の壁に飾っておこう。今や、ラバーやメッシュ素材のネットは魚を傷めないための最低限のエチケットである。―ＣＨ

188　対戦相手への敬意

数年前までは、大きなトラウトに逃げられたり、ターポンにフライを吹き飛ばされたりすると、腹を立てていた。ゲームに負けて、ラケットをコートに叩きつけてくやしがるテニスプレーヤーのように。けれども今はただ微笑むだけだ。まだまだ学ぶことがたくさんあるとわかっているから。今、私は対戦相手としての魚に敬意を払っている。スポーツとおなじで、ときには負ける。

それでいい。釣りはそうやって学んでいくものなのだから。この10年間で変わったのは釣り方ではなく、魚に対する姿勢だ。釣りをすればするほど、経験を積めば積むほど、魚を大切に思うようになってくる。かつてウォルトンが言ったように、釣りは穏やかになることを学ぶスポーツなのだ。―KD

189 ハッシュタグの恐ろしさ

私たちは、たった1枚の写真が世界を永遠に変えてしまう可能性のある時代に生きている。今日のソーシャルメディア環境では、「@」と「#」が一つの釣り場に破滅をもたらす。たとえばウェストバージニア州の小さな川の写真を投稿し、その小川での素晴らしいブルックトラウトフィッシングを紹介し、さらにその写真に小川の名前がタグづけされれば、全米中から人が集まってくる。じつは私は以前は「幸福を分かち合う」タイプだった。その証拠にフライフィッシングのガイドブックを3冊書いた。しかし自宅からそれほど遠くない小さな川が、ソーシャルメディアのためにショッピングモールのような人出になってしまって以降、釣りの写真を投稿するときに場所をタグづけすることはなくなった。フライフィッシングを始めたばかりの人たちが良い釣りをして、フライフィッシングを好きになることを願う一方で、私は自分のお気に入りの釣り場に関しては秘密主義者に転向したのだ。釣り場の情報というのはお金と一緒で、それ自体に価値がある。ソーシャルメディアで釣り場を公開するのは、ショッピングモールでお金をばらまいているようなものだと思う。私はこころが狭い人間だろうか？　―CH

190　水温を測る

トラウトストリームに足を踏み入れたら、自分自身とトラウトのために水温を測ってみよう。トラウトにとって理想的な水温は10~15℃で、もっとも活動的に食べ物を口にする水温だ。季節が進むにつれて水温が上がっていくが、15℃を越えたらいったん川を上がることを検討しよう。魚にはファイトの最中から、リリースされるまでの間に、私たちの想像を超えるストレスがかかっている。水温の上昇はそのストレスに拍車をかけるため、生存そのものが危うくなる。

ほとんどのトラウトにとって、20℃を超える水温は致命的である。川の水温がこの危険水域まで上がってきていることに気づいたら、外気温が下がる夕方まではビールでも飲んで、昼寝をしよう。―CH

191　ローカルのフライショップ

地元のフライショップには、通販では得られないものがある。優れたフライショップは、その土地の釣りに関する豊富かつタイムリーな情報を保有している。だからといって、ふらっと立ち寄って、タダで情報だけ仕入れて帰るのはマナー違反だ。リーダーやティペットなどの消耗品でいいから、かならずなにかを購入したい。それとありがちなのが、他にもお客さんがいるのに長々と話して、店主を独占してしまうことだ。店主は釣友ではない。生活のために店にいるという事実を忘れないように。

　旅にでたときは、まずはなにはともあれローカルのフライショップに寄ろう。数日前の嵐で釣りにならない川の情報や、羽化の情報を知ると知らないでは、旅そのものが変わってくる。たとえば、私はイエローストーン国立公園に釣りに行くときは、かならずブルー・リボン・フライズに立ち寄る。運がよければクレイグ・マシューズかジョン・ジュラセックがそこにいて、釣りのプランについて彼らの知恵を借りることができる。何年か前、クレイグはファイヤーホールでの釣りを私のプランから外した。その年の夏は異常に暑かったために川が温水状態となり、魚がより冷たい支流に分散してしまったからだ。そこで私はクレイグのアドバイスに従って、バックカントリーの小さな湖で釣りをすることにした。半ダースのフライを買って、私の1日は素晴らしいものとなった。フライショップのオーナーと従業員はフライフィッシングとその水域の大使であり、良いフライショップは釣りを成功させるためのハブなのである。―CH

192

旅の必携品

私は数え切れない釣りの旅で多くの教訓を得たが、特に重要だと考える五つの対策を紹介したい。きわめてシンプルだ。①虫対策：虫避け剤、刺されたときの薬品、毒を吸い出すための吸引器。この3点セットを常に携行する。②天候対策：雨具は必携。日焼け止めは必須。適切な衣服を着用する。曇っていても雨でも、常に飲料を携行する。③釣具のバックアップ対策：予備のフライラインを少なくとも1本と、すべてのフライパターンを少なくとも1ダース持っていく。キラーフライを使い果たしてしまうことほど最悪なことはない。④光線対策：偏光グラスをかならず3種類持っていく。一つは明るいところ用。二つ目は曇り、低照度用。そして三つ目はどちらかをなくしてしまったときのための「中間用」である。⑤足元対策：私はウェーディングブーツのBOAクロージャーシステムを愛用しているが、旅行には決して持っていかない。靴紐のウェーディングシューズの方がはるかに修理や交換が簡単だ。—KD

193

車に戻って、最初にやること

朝靄《もや》たなびく川へ下りたって以降、大物の予感に片時も集中力を絶やさず、ランチに用意したサンドウィッチを立ったまま、水面を見つめながら食べ、ライズがあればそこを動かず、傾いてきた太陽を見て、「イブニングではなんとかしないとな」と呟いたあなたは、しかし暗く湿った川辺の踏み跡を、敗残兵のような姿でよろよろと歩き、車へと戻る。ライズの雨のなかで1匹たりともフライには反応せず、呆然としたままあなたはハンドルを握り家路に着く。「ただいまー！」と、仕事と釣りは家庭に持ちこまないポリシーのあなたは、気丈に元気な声をだすのだが、釣り道具を片付けているときに、重大なことに気づく。

「竿、忘れた！　リールもつけっぱなしだ！」

意気消沈して車にたどり着いた自分が、そのままロッドを車に立てかけた記憶がかすかに蘇る。シャワーを浴びて、ビールを飲みながら、あなたはもう釣りなんてやめようとさえ思うが、翌日には釣具店に足を向け、店主に向かって、「前のロッド、イマイチだったんだよなあ」などとうそぶくのである。ベテランの皆さんには、多かれ少なかれ似たような経験があるのではないだろうか。一生釣りをつづけたかったら、悪いことは言わない、次のルールを守ってほしい。

釣り終わったときの唯一のルール：なによりもまず初めに、ロッドをチューブにしまうこと。

もっともありがちなのが、この作業をウェーダーを脱いだあとでやろうと思うことだ。一刻も早く、ウェーダーの蒸し暑さとウェーディングシューズの窮屈さから逃れでたい気持ちはわかるが、スッキリした途端にロッドのことが頭から吹き飛んでしまう。—CH

194 フィッシング・バディを大切に

これまでも、これからも、フィッシング・ドッグは私の相棒でありつづける。良い犬がいれば、人生はより良いものになる。現実的に、私が釣りする場所では、良い犬は本当に役に立つ存在となる。数年前、イエローストーン国立公園のすぐ外側にある険しい渓谷をハイキングしていたとき、相棒のスプーナーが私と雌グリズリーの間に割って入った。スプーナーは吠え、うなり、四肢を踏ん張っていた。グリズリーは、私たちが危害を加えるつもりはないことを理解すると、10mほど手前で突進を止め、子グマを促すように小走りに森のなかに去っていった。もしスプーナーが一緒でなかったら、どんな結末を迎えていたかを想像すると恐ろしい。私は渓谷からの登りで疲れ切っていたので、手遅れになるまで熊を発見することさえできなかったはずだ。

相棒は釣りに行くのが生きがいなので、私が魚を探して歩くところならどこへでも一緒に歩いていく。まだしばらくは一緒に釣りができるよう、私は彼女の世話に全力を尽くす。犬は私たちの人生のなかであっという間に生まれては去っていく。だから、彼女が快適で健康であるように最善を尽くす。それが私にできるせめてものことだ。—CH

195
隣の芝生

フライフィッシャーは自分自身を狭い枠にはめる傾向があり、釣り全般に対する関心が低い。確かにエサ釣りやルアーフィッシングには、フライフィッシャーには関係のない側面もあるが、釣り場はオーバーラップしていることが多い。新しい釣り場を探訪するときは地元や地域のオンライン掲示板に参加するのが得策で、多くの場合、釣り場や水況はこれらのサイトから得ることができる。ビーチ沖でエビのエサが絶好調なら、どのフライを使えばいいかはだいたい見当がつくし、バスならルアーやエサはどれくらいの深さでヒットしているのか、そのバスを釣ったプラグの色は、リトリーブの速さは、といった情報が得られる。釣れている時間帯にも注目しよう。エサ釣りやルアーフィッシングを楽しんでいる人の数は、フライフィッシャーとは比べものにならないほど多く、情報はあふれている。フライフィッシングの狭い庭のなかに閉じこもっているなんてもったいない。―CH

196
狂気と正気の境目

フライフィッシングがエクストリーム・スポーツでないことは確かだが、その領域にもっとも近づいているのがアオザメのフライフィッシングだろう。おそらくは正気ギリギリの釣りだが、友人のコンウェイ・ボウマンは一線を越えて、狂気の領域に足を踏み入れている。アオザメは時速90㎞の速度で泳ぎ、フッキングした際には、体長の2倍以上のジャンプをする。体重１００kgのＮＦＬワイドレシーバーを、細いランニングラインで止めようとする光景を想像してほしい。しかもアオザメは、ＮＦＬのプレーヤーが走る3倍の速度で泳ぎ、フットボールフィールドの長さを数秒でカバーし、エンドゾーンに着くとクロスバーを数回飛び越えるのだ。これを専門に狙っているコンウェイのようなフライフィッシャーは私には正気とは思えず、釣り人というよりは、むしろ狂った格闘家と呼びたい。──ＫＤ

197

あらっ、あなた禁煙やめたの？

ボーンフィッシュはフラットにいる魚のなかで、パーミットと並んでもっとも鋭い感覚を持っている。彼らをあざむくためには、アングラーはそのプロセスに関わるすべての要素を考慮する必要がある。ボーンフィッシュを狙うフライフィッシャーは、まずなによりも不利に働く要素を排除することから始めなければならない。正確なキャストが必要だし、プレゼンテーションも同様だが、ネガティブ要素の排除を確実におこなうことによって、魚に一歩近づくことができる。光量に合った偏光グラスの色合い、背景に溶け込むようなシャツの色、ティペットのサイズ、フライのサイズとその重さなど、旅に出る前に準備できることはすべてやっておく。そういった事前準備を終え、釣り場に着いてフラットの砂に足をつけたとき、あなたがおこなう最後の仕上げは、フライを海の砂底にこすりつけることだ。これは儀式と考えた方がいい。フライを濡らすためにするのではなく、本物のカニやエビとおなじ臭いをまとわせるためにするのである。鉛、ティンセル、フェザー、そしてもちろんヘッドセメントやUVレジンに含まれる化学物質すべてに匂いがついている。フライをフラットの砂にこすりつけることで不自然な香りを軽減させ、取り除くのだ。ボーンフィッシュが気難しくスプーキーな場合は、こういったちょっとしたことがフックアップの可否を分ける。禁煙しているはずのあなたが服に染みつかせたタバコ臭を見逃すパートナーがいないように。魚に、「あらっ?」と思わせないことが重要なのだ。——KD

198 瀕死の魚を救う方法

142の「10秒ルール」に書いたように、魚のリリースは可能な限り迅速に行わなければならない。しかしながら、釣り場の状況（水温、酸素量など）、魚のコンディション（健康なのか、病的なのか、産卵前なのか、産卵後なのかなど）、ファイトに要した時間などの要因によって、リリースの方法が決定されなければならないとアンディ・ダニルチュック博士は説く（キャッチ・アンド・リリースに関する科学的根拠に基づいた情報を、キープ・フィッシュ・ウェット（www.

keepfishwet.org）で発信しつづけている科学者）。リリース方法の決定にあたっては、魚が発しているサインを見極めることが重要で、サインに合わせて以下のようにリリースしよう。

1　魚がいかにも元気な場合は、尾びれをそっとつかんで、ただ泳ぎ去るのを待てばいい。尾びれで水を叩き、「アバヨ！」とばかりにあなたの顔に水しぶきをかけるくらいの気力体力が残っていれば、あなたの魚の扱いはまちがっていなかったわけだ。

2　水のなかでじっとしている場合は、体力を消耗しきってしまったというサインだ。この場合は、魚の体力回復を待つ必要がある。あなたのハンドリングはややハードすぎたかもしれない。魚に触れずに、しばらくそのまま様子を見てから尻尾に触れ、逃げていけばそれでいい。逃げていかなかったら次の３の処置をおこなう。

3　魚を傾けて、目がこちらを追うように動けば問題はない。水に戻して焦らずに時間をかければ、そのうち体力を回復する。魚の目が動かず、無表情で固定されたような状態ならば、それは問題である。４の処置をおこなう。

4　魚を水中で横に倒しても、３秒以内に体を戻すことができなければ、それはかなり問題である。ＥＲに担ぎ込まれた急患と思った方がいい。しかし焦らずに処置すれば手遅れにはならず、なんとか救うことができる。ネットを魚の下に差し入れてすくい、水に浸けたまま水流のある場所へ移動する。上流に向かって頭を向け、濡れた手でそっと体を支えるようにして、そのままの姿勢を保たせる。魚の体力が回復したら、ゆっくりと泳ぎ去るはずだ。

５　４をやっても腹を上にして浮かんでくる場合は、かなり危険な状況で、人間であればオシロスコープに映る鼓動が微弱になっている状態だ。あなたはリングに投げ込まれたＴＫＯの白タオルを見逃したのだ。この場合はＡＥＤで心臓マッサージをするように、魚に強制的に酸素を送り込んで呼吸させる必要がある。片手で魚のお腹を支え、もう一方の手で尾びれをつかみ、水面直下で上流に向かって前後させる。―ＫＤ

199　最後にもう一度だけ言わせてほしい

『レッドブック』と本書で、合わせて４５０のヒントを掲載した。10年のインターバルを挟んで、合計３名で執筆しただけに重複気味なヒントもある。ただ、重複しているものでも、見方が異なると別なアドバイスになるので、あえてそのままにしてある。そして、重複ついでに最後にもう一度だけ念押しさせてもらいたい。ニンフはあなたが思っているよりも沈んでいない。水流の影響を加味して、思い切ってウェイトを追加すること。スッキリした。これで私もぐっすり眠ることができそうだ（笑）。―ＫＤ

200 魚の声に耳を澄ませる

最後まで読んでいただき、ありがとうございました。これが最後のヒントです。ほんとうのところ、じつは皆さんはこの本に書かれたヒント以前に、魚からたくさんのヒントをもらっています。ただ、魚からのヒントを人間の言葉に翻訳しきれていなかったり、ヒントを聞き損なったり、見過ごしたり、あるいは無視しているだけなのです。重要なのは、自分の目でなにが起きているのかを観察して、魚の立場になりきって、釣り場に立つことです。これからもぜひ、魚の声に耳を澄ませて、美しい自然のなかで楽しんでください。

著者紹介

カーク・ディーター　(Kirk Deeter)
アウトドアライター。著書に〝The Orvis Guide to Fly Fishing for Carp〟、チャーリー・マイヤーズとの『ザ・リトル・レッド・ブック・オブ・フライフィッシング』などがあり、鱒釣りのみならず、鯉やソルトウォーターのフライフィッシングに関する著作がある。フィールド・アンド・ストリーム、フライフィッシャーマン、ロッド・アンド・リールといったアウトドア、およびフライフィッシング雑誌に記事を掲載する常連ライター。

クリス・ハント　(Chris Hunt)
トラウト・メディアのナショナル・デジタル・ディレクター。元新聞記者で、ＡＰ通信、専門ジャーナリスト協会、パシフィック・ノースウェスト新聞協会、アイダホ・プレス・クラブ、アメリカ・アウトドア・ライター協会からの表彰歴がある。数冊の著書があり、最新作は２０１９年に発行されたイエローストーン国立公園のガイドブック。トラウト・アンリミテッド幹部。アイダホ州アイダホ・フォールズ在住。

The Little Black Book of Fly Fishing
――フライフィッシャーのための新ヒント集

著者　カーク・ディーター／クリス・ハント
訳者　阪東幸成
装丁　ふらい人書房　編集部
校正　舟串彰文
発行日　2023年4月1日　第1版
発行者　ふらい人書房
印刷所　株式会社　藤プリント
発行所　ふらい人書房
東京都町田市三輪緑山2-25-21
HP　www.flybito.net
e-mail　flybito@me.co

ISBN978-4-909174-14-7